Lama Karta
LEBEN, STERBEN, WIEDERGEBURT

Lama Karta

Leben, Sterben Wiedergeburt

*Ein hilfreicher Begleiter
durch den Kreislauf
der Existenz*

Aus dem Französischen
von Renate Stolze

Ansata Verlag

Der Ansata-Verlag ist ein Unternehmen der
Econ Ullstein List Verlag GmbH & Co. KG

ISBN 3-7787-7161-2

Erste Auflage 2000
© 2000 für die deutsche Ausgabe by
Econ Ullstein List Verlag GmbH & Co. KG, München
© Kunchab Publications 1997
(Institut Tibétain, Kruispadstraat 33, 2900 Schoten, Belgien)
(Titel der Originalausgabe »Une guirlande de bardos«)
Aus dem Tibetischen ins Französische übersetzt von Frans Goetghebeur
Alle Rechte sind vorbehalten. Printed in Austria
Umschlaggestaltung: Ateet Frankl
Gesetzt aus der Bembo by Franzis print & media GmbH
Druck und Bindung: Wiener Verlag GmbH

Diejenigen, die glauben, daß Körper und Geist
untrennbar sind, weil sie diese zwei Aspekte als ein
und dasselbe betrachten, können uns im Augenblick
des Todes in keiner Weise beistehen.

KALU RINPOCHE

Unser Dank gilt Marie-France Bodson, Paule und Guy Caucheteur, Rita Coppens, Viviane Herry, Marianne Heimann, Jean Rigaux, Philippe Thonet, Alex Vital, Daniel Wautier.

Inhalt

Einführung

Warum lebe ich? Was fange ich mit meinen Träumen an? Warum sollte ich meditieren? Kann ich beim Sterben auf Hilfe hoffen? Was geschieht nach dem Tod?

Das sind einige der grundlegenden Fragen, die Lama Karta während eines Seminars erörterte, das im Institut Yeunten Ling in Huy, Belgien, stattfand. Dieses Buch enthält die Unterweisungen, die er im Lauf von fünf Tagen gab und die bei den Teilnehmern einen tiefen Eindruck hinterließen. Ich habe mich bemüht, den lebendigen Stil seiner Rede zu bewahren, indem ich die typisch asiatischen, elliptischen Beweisführungen des Lamas beibehalten habe, die alle Facetten des dargestellten Themas so wunderbar erhellten.

Jemanden so ruhig und klar über derart profunde Themen sprechen zu hören, ist wirklich wohltuend. Je weiter der Leser in der Lektüre dieses Buches fortschreitet, desto mehr wird er überzeugt sein, wertvolle Ratschläge für jeden wichtigen Moment seines Lebens zu bekommen.

Der Leser wird hier keine vagen Träumereien über die Tugenden vergangener Zeiten finden und auch keine luftigen Hirngespinste über eine neue Gesellschaft. Dieses Buch erscheint paradox: Es behauptet allen Ernstes, daß die Realität tatsächlich ein Phantasiegebilde und der Traum eine echte Realität ist. Lama Karta führt uns in eine Welt, wo das, was wir wahrnehmen, zugleich manifest und irreal ist.

Der Lama erhellt auf sehr einfache Weise Methoden, die lange als Geheimnis bewahrt wurden. Er erklärt, wie wesentliche Ideen des Buddhismus – die Vergänglichkeit, die Seelenwanderung, die Bardos oder die Leere – sich auf das normale Leben anwenden lassen, ohne daß man sich in pompöse Spekulationen verlieren müßte. Das alles sollte einmal auf eine faßliche Art und Weise dargestellt werden.

In welcher Situation auch immer wir uns befinden, im Traum, im aktiven Leben, in der Meditation oder beim Herannahen des Todes: Diese subtilen und wertvollen Ratschläge werden sicherlich gut aufgenommen werden. Sie klingen nach wie ein vertrauliches Gespräch mit einem Freund und lassen sich im Alltag zum Leben erwecken.

Dank an Lama Karta.

Frans Goetghebeur

14

Begrüßung

Positive Handlungen erfordern Anstrengung und eine bestimmte innere Bereitschaft, während die alltäglichen, gewohnten Handlungen, die dabei nicht etwa negativ sind, uns leichter fallen. Wenn man sich in eine positive Verfassung versetzen will und das Wohl der anderen wie auch das eigene anstrebt – indem man zum Beispiel den Dharma[1] praktiziert –, erfordert das Anstrengung. Ich freue mich über jeden, der bekundet, zu einer solchen Anstrengung bereit zu sein.

Hören

Wenn Unterweisungen gegeben werden, ist es wichtig, gut zuzuhören, um später darüber nachdenken und sie einer kritischen Analyse unterziehen zu können, ohne deshalb während der Sitzung selbst zu viele Gedanken hochkommen zu lassen. Manchmal wird folgendes Bild gebraucht: »Wenn ihr Unterweisungen im Dharma hört, sollt ihr sie nicht aufnehmen wie ein Gefäß, das dann auf einem Tisch auf den Kopf gestellt wird. Welche Flüssigkeit auch immer man dort hineingegossen hat, dieses Gefäß wird am Ende keinen Tropfen enthalten.« Dieses Beispiel war wahrscheinlich vor allem für junge Mönche gedacht, die früher in den Klöstern fortlaufend Unterweisungen im Dharma erhielten, wobei es gelegentlich geschah, daß ihre Aufmerksamkeit erlahmte …

Es ist also wichtig, daß die Ausführungen, die ihr hört, in eurem Geist einen Platz finden, so daß ihr sie integrieren könnt. Um das Bild vom Gefäß wieder aufzunehmen: seid nicht wie ein gesprungenes Glas. Wenn man in dieses eine Flüssigkeit gießt, wird sie durch die Stelle sickern, wo das Glas einen Sprung hat, und nichts wird übrigbleiben.

Es ist ebensowenig ratsam, Unterweisungen zu hören, während eine Menge störender Emotionen im Geist auftreten wie Eifersucht, Ärger, Neid, Stolz oder andere Schaden verursachende Gefühle, die ebenso zerstörerisch wirken wie eine kleine Dosis Gift, die man einer köstlichen Mahlzeit beimischt.

Man muß auch vermeiden, daß alle möglichen Nebengedanken eindringen, daß man beispielsweise an Menschen denkt, die einen nicht schätzen, oder an Probleme am Arbeitsplatz. Solche Gedanken führen zur Verwirrung.

Schließlich muß nicht nur der, der zuhört, sondern auch der, der redet, Sorge tragen, daß er nicht Opfer negativer Gefühle, wie Argwohn und Stolz zum Beispiel, wird. Während also in gewisser Weise die, die zuhören, Achtsamkeit walten lassen müssen, so gilt das gleichermaßen für die, die reden.

1 Gedanken über die Religion

Wie ist heute die Lage im Westen? An Orten, wo man sich versammelt, um sich spirituellen oder religiösen Handlungen zu widmen, zählt man nicht viele Besucher. Die Kirchen leeren sich. Auftritte populärer Sänger und Tänzer, Talkshows und alle möglichen Arten profaner Aktivitäten dagegen versetzen die Massen in Bewegung. Man muß dort manchmal schon um ein Plätzchen kämpfen, wenn man dabeisein will.

Warum ist das so? Warum sind es vor allem die Kirchen, die darum bitten müssen: Kommen Sie, nun kommen Sie doch schon her! Offensichtlich ohne Erfolg, denn das Interesse in dieser Richtung schwindet immer mehr. Es springt ins Auge: die Menschen empfinden zwischen der Religion und der Entwicklung einer positiven Lebenshaltung keine unmittelbare Beziehung mehr. Religiöse Gefühle sind nicht mehr selbstverständlich. Einige behaupten sogar, das sei außerdem nicht mehr so wichtig. Sie vergessen, daß man nur nach längerem Nachdenken begreift, worin die Bedeutung des Religiösen liegen könnte, denn man erfaßt die Rolle der Religion oder Spiritualität nur durch eine vertiefte Erfahrung des Lebens und nicht, indem man vorschnell urteilt, all das sei nicht mehr von Interesse. Wir können uns also glücklich schätzen, daß wir uns die Zeit genommen haben, diese Fragen zu untersuchen.

Ich bin überzeugt, daß es bei Verpflichtungen, die man eingehen, und bei Beziehungen, die man entwickeln kann, um Religion geht. Vielleicht denkt man hier vor allem an die Beziehung, die zwischen Mensch und Gott entstehen kann, aber ich finde die Feststellung nicht überflüssig, daß Religion auch die Beziehungen zwischen den Menschen selbst umfaßt. Ohne Religion leben menschliche Wesen in einer Welt der Beziehungslosigkeit, in Isolation. Auf der Basis von Liebe und Güte, die ein Merkmal aller Religionen sind, finden sie wieder einen gemeinsamen Nenner. Sie fühlen sich miteinander verbunden, ganz im ursprünglichen Sinne des lateinischen Wortes *religio*, welches »Rückverbindung« bedeutet.

Die Religion ist kein zweitrangiges Phänomen, eine Art Sondersprache. Sie hat eine Beziehung zu dem, was jedem von uns am liebsten und teuersten ist. Die Religion kann jedem menschlichen Wesen helfen, jemand zu werden, der gute Eigenschaften entwickelt und Fehler vermeidet. Welche Fehler? Diese bestehen zum Beispiel darin, daß wir uns für die größten halten, oder nicht wirklich das Bedürfnis haben, uns um andere zu kümmern. Jemand, der so reagiert, wird im übrigen nicht sehr geschätzt. Die Bedeutung des Platzes, den die anderen in unserem Leben einnehmen, und wie dies unsere eigene Entwicklung beeinflußt, zu erkennen, das ist es, was im Zentrum der Religion steht. Und da sind Liebe und Mitgefühl natürlich von größter Wichtigkeit.

Zusammengefaßt entspricht alles, was in der Religion von Bedeutung ist, dem, was wir alle gemeinsam haben, und den Beziehungen, die wir entwickeln können.

Um »gute Menschen« zu werden, können wir auf eine ganze Reihe von spirituellen Traditionen in dieser Welt zurückgreifen: Sie alle sind in einem bestimmtem historischen Moment und in einer bestimmtem Umgebung in Erscheinung getreten. Sie sind als Ergebnis einer Reihe von Faktoren entstanden, die der Art und Weise entsprachen, in der die Menschen jeweils handelten und dachten. Wir können die Entstehung der christlichen Religion auf diese Weise begreifen und sehen, wie sie mit den damaligen Vorstellungen übereinstimmte und mit dem Ort und der Epoche ihrer Entstehung in Einklang stand. Man kann den Buddhismus, der vor 2500 Jahren in Indien entstand, in gleicher Weise interpretieren, indem wir Bezug nehmen auf den Ort, die Zeit und die geistige Verfassung der Menschen dieser Epoche und auf das, was sie interessierte. Das erleichtert das Verständnis für die verschiedenen Formen, die der Buddhismus im Laufe seiner Geschichte angenommen hat, und ermöglicht es gleichzeitig, die Universalität der Botschaft des Buddha in ihrer Vollkommenheit zu begreifen.

Der Weg des Buddha

2

Der Buddha als Erzieher

Der Buddha gab seine Unterweisungen in verschiedenen Lehrzyklen. Der erste Zyklus handelt von den Vier Wahrheiten. Der Buddha legt dort dar, was die Menschen bei allem, was sie erleben, empfinden und als wirklich wahr betrachten: nämlich das Leiden, das es überall gibt und das man unmöglich ignorieren kann.

Zwar handelt des Buddhas Botschaft letztendlich von der Leere. Aber es ist klar, daß es unmöglich war, mit dieser Gegebenheit zu beginnen.

Um bis zur Ursache dessen, was existiert, vorzudringen, muß man zunächst eine gründliche Analyse der Wirkung durchführen. So ist auch der Buddha vorgegangen. Der erste Zyklus seiner Lehren handelt von den Folgen unserer Handlungen, also vom Leiden, mit dem wir konfrontiert sind.

Bevor er die Bedeutung der Leere erklärt, spricht er detailliert von dem, was wir geneigt sind, im gegebenen Moment als real existierend zu betrachten, und warum wir so empfinden. Er erklärt, wie das kommt und wie die Phänomene, von denen wir annehmen, daß sie real existent sind, sich uns darstellen. Die Tatsache, daß man nicht begreift, was die Leere bedeutet, ist die Ursache vieler Leiden. Vom pädagogischen Gesichtspunkt her betrachtet, geht der Buddha hier sehr geschickt vor. Es wäre zu wagemutig gewesen, den Begriff der Leere gleich anfangs zu behandeln.

Wenn wir beispielsweise behaupten würden, das Gebäude, das uns beherbergt, sei Leere, hätte ein jeder gewisse Schwierigkeiten, das zu verstehen. Aber wir können eine Beweisführung konstruieren, indem wir sagen, daß dieses Gebäude existiert (weil wir das für unbezweifelbar halten) und daß wir zu dieser Behauptung gekommen sind, weil wir zuerst das Fundament dieses Hauses gegossen, dann die Mauern hochgezogen und schließlich seine Vollendung bewerkstelligt haben. In einem zweiten Schritt können wir dann jedes dieser Elemente auf eine analytische Weise betrachten. Wir können sie »dekonstruieren«, indem wir sagen, daß diese Elemente, von denen wir glauben, daß sie real existieren, in Wahrheit nicht aus sich selbst heraus existieren. Der Bau des Gebäudes stellt selbst ein Konglomerat dar, das wir auseinandernehmen können, um zu immer kleineren Komponenten zu kommen, von denen letzten Endes keine aus sich selbst heraus existiert. Alle sind das Resultat einer Wechselbeziehung zwischen vielen Elementen. So gelangt man schließlich zum Begriff der »Leere«.

Die Methodik der Lehren des Buddha besteht darin, zunächst den Denkgewohnheiten seiner Zuhörerschaft zu folgen und dann, in den folgenden Zyklen, zunehmend den Weg zur Erkenntnis dessen, was die Leere bedeutet, zu bahnen. Wobei Leere nicht Abwesenheit bedeutet: Weder ist alles erlaubt, noch ist alles sinnlos.

Über Toleranz

Der Kern des Buddhismus ist eine große geistige Offenheit: Man kann ohne weiteres sagen, daß für Buddhisten alles gut ist, alle sprituellen Traditionen haben ihren Wert. Aber bedeutet das dann, daß Buddhisten alles tolerieren? Daß sie es billigen, wenn sich jemand wie ein Tier benimmt? Die Antwort ist: Nein. In Indien herrscht der Brauch, bei der Durchführung gewisser Rituale lebende Wesen zu opfern. Ein Buddhist wird diese Bräuche nicht gutheißen. Einerseits also beweisen Buddhisten geistige Großzügigkeit und Toleranz, andererseits aber mißbilligen sie das, was (unmittelbar oder auf lange Sicht gesehen) dem Nächsten schadet. Es ist also wichtig, diese geistige Großzügigkeit in den richtigen Kontext zu stellen. Man kann Buddisten demnach als Menschen guten Willens definieren, die die positiven Aspekte anderer Traditionen anerkennen, nichtsdestoweniger aber nicht bereit sind, alles zu akzeptieren.

Worte und Wahrheit

Der Buddhismus gebraucht Begriffe, die ernsthaftes Nachdenken erfordern, weil sie mit tiefen Realitäten verbunden sind: Begriffe wie Dharma, Vergänglichkeit, Leere und Bardo sind vor allem Hilfsmittel. Mittel, die wir zur Verfügung haben und die uns helfen, aus unserer Verwirrung, aus unserer Neigung, uns zu täuschen und uns selbst zu belügen, herauszufinden. Anders ausgedrückt, diese Begriffe helfen uns, einen vollkommenen Weg einzuschlagen, der zur Wahrheit der Dinge führt. Zu dem, was wir in anderen Religionen mit Begriffen wie Nächstenliebe und Demut finden.

Man spricht also von der Vergänglichkeit der Dinge. Warum sollte man einer Sache wie der Vergänglichkeit Aufmerksamkeit schenken? Weil wir zu einem bestimmten Zeitpunkt unweigerlich damit konfrontiert sein werden: und zwar im Augenblick des Todes. Es geht also darum, gut darauf vorbereitet zu sein.

Wenn jemand mit dem Leiden konfrontiert wird und vorher darüber nachgedacht und sich damit beschäftigt hat, dann wird er aus diesem Leiden etwas Vertrautes gemacht haben. Er wird sich an diese Vorstellung und ihre Realität gewöhnt haben. Er wird also darüber weder erstaunt noch schockiert sein. Andererseits wird derjenige, der nie vom Leiden gesprochen und selbst nie darüber nachgedacht hat, davon oft überwältigt sein, machmal bis zu dem Punkt, daß er vollkommen verloren und hilflos ist, weil er auf ein Phänomen stößt, das er nicht erwartet hat. Auf diese Weise schafft er sich über die vorhandenen Problemen hinaus noch zusätzlich alle möglichen Schwierigkeiten.

Der Dharma ist dazu bestimmt, diesen Irrtum, der auf Nichtwissen beruht, zu vermeiden.

Unter diesem Aspekt hat uns der Buddha sehr pragmatische Ratschläge und auch tatsächlich wirksame Mittel angeboten.

3 Die sechs Bardos

Neben der Idee der »Vergänglichkeit« wird im Buddhismus oft der Begriff des »Bardo« oder Übergangsstadiums gebraucht. Es handelt sich dabei um einen interessanten Denkansatz, ein wirksames Mittel, um die Realität zu begreifen.

Bardo meint, daß wir uns vorher irgendwo befinden und nachher woanders. Es gibt hier also eine Art Übergang, ein Kontinuum von einem Zustand zum anderen. Hier findet sich die Essenz des Begriffs Bardo. Das Wort »Bardo« weist hin auf das, was sich zwischen zwei Dingen befindet, und gleichermaßen auf das, was sich zwischen zwei Phänomenen ereignet. Es ist also keine Pause, in der nichts passiert, denn während der Bardos spielen sich tatsächlich Ereignisse ab.

Seit Zeiten ohne Anfang (man benutzt hier die Worte »ohne Anfang«, um auszudrücken, daß man tatsächlich den Moment, wo sie begonnen haben, außer acht läßt), waren wir und sind immer noch in einem bestimmten Bardo. Dieser endlose Bardo ist dadurch charakterisiert, daß wir der Spielball von Illusionen sind, daß wir uns als Gefangene im Kreislauf der Existenzen (Samsara) drehen und daß wir von einem Leben ins andere übergehen.

Irgendwann erreichen wir den Zustand des vollkommenen Erwachtseins, den Zustand des Buddha, und befreien uns aus dem höllischen Kreislauf des Samsara. Dieser Bardo beginnt, sobald ein Wesen auf das Nichtwissen stößt, und dauert bis zu dem Moment, wo der Zustand des Erwachens gerade erreicht wird. Das ist ein langer Bardo, ein langer Übergangszustand. Außer diesen (sehr) langen Bardos gibt es noch zahlreiche von kurzer Dauer. Selbst der simple »Augenblick« kann als Bardo betrachtet werden. Wenn ihr die Sekunden teilt und auf eine minimale Zeiteinheit kommt, könnt ihr auch das als Bardo betrachten.

Der Vorteil des Konzepts des Bardo liegt darin, daß es eine doppelte Bedeutung enthält: Er lehrt uns, daß alles im Grunde nur eine vorübergehende Manifestation, ein Dazwischen, ist. Und es hilft uns, uns von der Überzeugung zu lösen, wonach Ereignisse, Dinge und Personen feste und unveränderliche Phänomene sind.

Manche werden diese Idee des Bardo vielleicht nicht zu schätzen wissen. So etwas Übergangshaftes, Provisorisches – gerade so, als ob man zwischen zwei Stühlen säße – wird ihnen vielleicht nicht gefallen.

Machen wir uns also nicht unnötig Sorgen. Und warum sollten wir nicht ebenso das Angenehme, das wir erleben, als vorläufigen Zeitraum, als Übergang, betrachten? Niemand hindert uns daran, das so zu sehen. Aber die Tatsache, daß man alles als Bardo betrachtet, sollte keine negativen Assoziationen wecken und nicht heißen, daß man sein Leben damit verbringt, ständig schwarzzusehen.

Nein, wir können auch die angenehmen Dinge nutzen, selbst wenn wir sie als vergängliche Erscheinungen betrachten.

Man wird hier einen wirklich befreienden Denkansatz entdecken.

Das menschliche Leben währt drei, vier oder sechs Bardos, alles hängt davon ab, auf welche Weise man zählt. Meist spricht man von vier oder sechs Bardos.

Es gibt einen Bardo, der mit dem Moment der Geburt (der Empfängnis) beginnt und bis zu dem Augenblick dauert, der dem Tod vorangeht. Das ist das *Übergangsstadium des Lebens*.

Es folgt das *Übergangsstadium des Sterbeprozesses*. Es beginnt mit dem Moment, wo das Sterben beginnt, und dauert bis zum Aufhören der inneren Atmung.

Das dritte Übergangsstadium beginnt in dem Moment, wo die innere Atmung erlischt. Es folgt ein Zustand der Ohnmacht, und man gelangt in das *Übergangsstadium des Klaren Lichts* oder auch das *Übergangsstadium der Höchsten Wirklichkeit*.

Wenn man aus diesem Stadium des Klaren Lichts heraustritt, kommt das *Übergangsstadium des Werdens*, das den Bardo bezeichnet, in dem wir uns auf die Richtung eines neuen Lebens festlegen, das dem entspricht, was wir sind.

Bleiben noch zwei Bardos, um die sechs voll zu machen: das *Übergangsstadium des Traumes* und das *Übergangsstadium der meditativen Versenkung*.

Der Bardo des Lebens

Gemäß der buddhistischen Lehre verbindet das Bewußtseinsprinzip des vorangegangenen Lebens im Moment der elterlichen Vereinigung das Spermium und das Ei. Genau in diesem Moment findet die Geburt statt (das heißt die Empfängnis oder Befruchtung), und es beginnt das erste Übergangsstadium des Lebens, das bis zu dem Augenblick dauert, der dem Tod vorangeht.

Die Buddhisten berücksichtigen, daß von der Geburt an auch Wachstum, Altern und sogar das

Nahen des Todes eine Rolle spielen. In den Texten ist einzig von der Empfängnis im Mutterschoß die Rede. Heute erlauben viele Techniken (wie die Befruchtung im Reagenzglas), das Ei auch außerhalb des Körpers der Mutter zu befruchten. Das ändert insofern nichts, als daß auch hier die drei besagten Elemente vorhanden sind (Spermium, Ei und Bewußtseinsprinzip). Wenn nur eines davon nicht vorhanden ist, findet keine Geburt statt.

Der Bardo des Traumes

Das Übergangsstadium des Lebens kann von sehr langer oder sehr kurzer Dauer sein: hundert, fünfzig oder fünf Jahre, ein Monat, ein Tag oder eine Stunde; das hängt von vielen Faktoren ab. In jedem dieser Fälle kann das Übergangsstadium des Traumes eintreten. Sowie der Traum beginnt, tritt man in das Übergangsstadium des Traumes ein. Es dauert bis zum Erwachen.

Der Bardo der meditativen Versenkung

Dieser Bardo entspricht einem Übergangsstadium, in dem jemand zu dem gelangt, was man »meditative Versenkung« nennt. Das betrifft nicht ausschließlich die buddhistische Meditation. Sie vollzieht sich, wenn jemand eine Reihe von Gedanken entwickelt und den Lauf dieser Gedanken kontemplativ verfolgt, bis sie unterbleiben oder bis er sie anhält. Dieser Zustand kann auch mit Zeitabschnitten zusammenfallen, in denen man betet oder bestimmte Wünsche ausspricht.

Der Bardo des Sterbeprozesses

Diese Periode wird oft auch »Bardo des Leidens« im Angesicht des Todes genannt. Sie beginnt mit dem Moment, wo wir das Opfer einer Krankheit werden, die uns das Leben kosten kann, oder wo der Prozeß, den man im engeren Sinne Sterben nennt, in unserem Körper einsetzt.

Nach der buddhistischen Lehre setzt sich unser Körper aus fünf Elementen oder Aggregaten zusammen: Erde, Feuer, Wasser, Luft und Raum[2]. Unser Körper existiert, weil diese fünf Grundelemente in einem ausgeglichenen Verhältnis vereint sind. Sobald dieses Gleichgewicht gestört ist, beginnt der Verfall. Der Sterbeprozeß setzt ein. Er wird als fortschreitende Auflösung eines Grundelementes in ein anderes beschrieben, bis nur noch das Bewußtsein existiert.

Der Bardo der Höchsten Wirklichkeit

Die folgende Periode ist das Übergangsstadium des Klaren Lichts oder der Höchsten Wirklichkeit. Es beginnt, wenn die äußere und innere Atmung vollkommen ausgesetzt haben. Man verfällt dann in Bewußtlosigkeit. In diesem Moment manifestiert sich das Klare Licht der eigentlichen Natur unseres Geistes. Im allgemeinen wird man nicht die Gelegenheit haben, es zu erkennen. Warum? Weil es meistens während einer Zeitspanne erscheint, die zu kurz ist. In einigen Fällen kann es etwas länger dauern, bis das Klare Licht deutlich wahrgenommen wird. Aber es erscheint immer, ob man nun das Leben eines Menschen oder das eines anderen Wesens gelebt hat. Es leuchtet in jedem. Dieses Klare Licht ist die Quintessenz der erwachten Eigennatur, die in jedem Lebewesen gegenwärtig ist und ihm, wenn es entwickelt wird, die Möglichkeit gibt, den Zustand des Erwachtseins, den Zustand des Buddha, zu erreichen.

Wenn die logisch verketteten Gedanken verschwimmen (Gedanken, die mit störenden Emotionen wie Zuneigung, Abneigung, Eifersucht und anderen verbunden sind), erkennt man das, was immer gewesen ist: das Klare Licht der Höchsten Wirklichkeit. Das dauert einen Moment, eine

Sekunde, eine Stunde, einen Tag oder zwei. Das Schauen und Erkennen dieses Klaren Lichts bedeutet nicht, daß unser Geist etwas festhalten sollte. Unser Geist ruht in diesem Klaren Licht und wird so der reinen Natur seiner selbst gewahr.

Der Bardo des Werdens

Wenn diese Erkenntnis nicht stattgefunden hat, tritt man in den Bardo des Werdens ein. Er dauert neunundvierzig Tage. Das ist eine Zahl, die in der buddhistischen Tradition oft vorkommt, aber sie kann auch variieren. Nach diesem Bardo des Werdens kehrt man wieder in den Bardo nach der Geburt zurück, was bedeutet, daß man ein neues Leben beginnt; die Schleife ist gebunden, der Kreislauf fängt wieder von vorn an.

Jede dieser Perioden stellt eine Möglichkeit dar, eine gute Entwicklungsrichtung zu nehmen und die rechte Haltung auszubilden. Wenn wir während eines Bardos wie dem des Traumes oder der meditativen Versenkung nicht die erforderliche Entwicklungsstufe erlangt haben, können wir immer noch versuchen, das Übergangsstadium des Sterbens zu nutzen, und wenn wir scheitern, den des Bardo der Höchsten Wirklichkeit. Schließlich bleibt in der

Zwischenzeit noch der Bardo des Werdens, wo wir alle verbleibenden Möglichkeiten nutzen müssen, um den Zustand des Erwachtseins zu erlangen.

Jeder Zeitraum kann also als Möglichkeit betrachtet werden, von der wir den besten Gebrauch machen sollten.

4 Was tun?

Keine Märchen

Warum so viele Erklärungen zu den verschiedenen Übergangsperioden mit all den seltsamen Namen? Weil es uns so möglich wird, zu verstehen, was mit uns geschieht. Nehmen wir zum Beispiel das Übergangsstadium des Lebens: Es ist gut zu wissen, daß unser Leben wie ein Bardo vergeht, daß es sich um ein Zwischenstadium handelt. Wenn ihr abends über diese Begriffe nachdenkt, oder wenn ihr euch, während ihr träumt, bewußt sein könnt, daß auch der Traum nur ein Zwischenstadium ist, oder wenn ihr im Augenblick des Todes fähig seid, euch darüber klar zu werden, was geschieht, dann bekommt das alles tatsächlich seinen Sinn.

Was hier dargelegt wird, dient absolut nicht dazu, euch Geschichten zu erzählen oder euch alle mögliche Enthüllungen zu liefern; das Ziel besteht ganz einfach darin, das darzustellen, was im Leben, im Augenblick des Todes oder danach geschieht oder geschehen kann. Dagegen sollten wir all die kleinen Geschichten, wie wir sie übrigens auch häufig im Traum produzieren, wo man sich in vielen flüchtigen und trügerischen Projektionen verliert, nicht für wesentlich halten.

Um derartige Dinge geht es hier nicht! Diese Ausführungen über die Kette der Bardos handeln schlichtweg von Realitäten. Sie werden erklärt, damit wir wissen, was wir tun sollen, wie wir reagieren müssen, wenn wir uns inmitten eines dieser Bardos befinden.

Den Dharma praktizieren

Im Moment befinden wir uns also im Übergangsstadium des Lebens. Es ist wichtig, zu erkennen, daß alle Ereignisse und die Ziele, die in den anderen Bardos erreicht werden, ganz und gar davon abhängig sind, was wir während dieser Zwischenperiode des Lebens tun, also von dem Dharma, das wir hier praktizieren.

Die Praxis des Dharma verläuft in drei Stufen: Hören, Nachdenken und Meditation. Man muß zunächst eine Reihe von Ratschlägen und Ansichten zur Kenntnis nehmen. Diese Kenntnisse erlauben uns, Irrtümer zu korrigieren und zu vermeiden. Auf diese Weise schlagen wir bereits den Weg hin zur Vollkommenheit ein. Man entwickelt eine Sichtweise, mit der man die Mittel auswählt, die wesentliche Qualitäten zur Entfaltung bringen.

Den Dharma zu praktizieren bedeutet also mehr, als Wunschgebete zu sprechen oder sich pausenlos mit sich selbst zu beschäftigen. Wenn ihr eine Unterweisung gehört habt, solltet ihr nicht sofort in Begeisterung geraten oder sagen: »Das gefällt mir, das mache ich«, wenn wirkliches Verständnis fehlt, um eure Erfahrung zu unterstützen. Wenn man Drogen nimmt, rufen sie anfangs angenehme Erfahrungen hervor, aber jeder weiß, welch verhängnisvolle Folgen sie auf Dauer gesehen hervorrufen. Ebenso muß man Sorge dafür tragen, dem Geist beständig ein Ziel zu setzen. Dieses Ziel besteht darin, den Unterschied zwischen normalen Wesen, die noch dem Leiden unterliegen, und denen, die die Buddhisten die »Erwachten« nennen, zu erfassen. Auf jene hat das Leiden keinen Einfluß mehr. Die normalen Wesen können jedoch diese letzte Stufe durch eine fortschreitende Entwicklung erreichen.

Den Dharma zu praktizieren heißt nicht, daß es daneben nichts gibt, und auch nicht, daß infolge unserer Praxis plötzlich, wie durch Zauberhand, etwas ganz Neues erscheint. In Wirklichkeit beschäftigt sich der Dharma nur mit dem, was bereits existiert und woran wir zielstrebig arbeiten müssen, um zu erreichen, daß die negativen Aspekte in positive Tendenzen verwandelt werden. Wenn wir auf diese Weise hören, nachdenken und meditieren, folgen wir dem Beispiel einer Reihe von großen Meistern aus verschiedenen buddhistischen Traditionen. Selbst wenn es uns zum gegenwärtigen Zeitpunkt nicht gelingt, diesen Vorbildern zu folgen, sollten wir zumindest darauf achten, daß wir – da bisher noch unfähig, anderen zu helfen – ihnen keinesfalls unter irgendeinem Deckmäntelchen irgendwelchen Schaden zufügen.

Rechtes Denken

Den Dharma zu praktizieren heißt nicht, daß man Mönch werden muß oder sich völlig zurückzieht. Das muß nicht unbedingt sein. Den Dharma zu praktizieren bedeutet, positive Gedanken zu entwickeln und positive Handlungen auszuführen. Nehmt zum Beispiel jemanden, der in einem Krankenhaus arbeitet und sagt:»Ich arbeite in einer Klinik, weil ich meinen Lebensunterhalt verdienen muß.« Man kann es dabei belassen. Aber jemand anders könnte hinzufügen:»Im Krankenhaus, wo so viele Menschen sind, die Schwierigkeiten haben, kann ich bestimmt anderen helfen.« Die beiden treffen sich jeden Morgen im Krankenhaus, aber mit unterschiedlicher Absicht, und genau das ist wichtig. Man hört manchmal, daß die Rezitation des Mantras»om mani padme hum« in jedem Fall eine ausgezeichnete Dharma-Übung sei. Ja und nein. Von außen betrachtet vielleicht, aber von innen? Wer kann das sagen?

Wenn ihr sagt, daß die Praxis des Dharma darauf hinausläuft, positive Gedanken zu entwickeln und positive Handlungen auszuführen, seid ihr näher an einer richtigen Definition, als wenn ihr euch auf Rituale beschränkt, auf das Wiederholen von Formeln oder auf oberflächliches Gehabe.

Es ist gut, von wirksamen Mitteln Gebrauch zu machen, wie der Reflexion über die Vergänglichkeit, über das Gesetz von Ursache und Wirkung (Karma) sowie die Kostbarkeit des menschlichen Körpers.

So gibt es Menschen, denen es schwerfällt, sich selbst positiv zu sehen und mit sich selbst im Einklang zu sein, Menschen, für die es schwierig ist, den Sinn ihres Lebens zu begreifen. Nun, diese Personen werden einen gewissen Nutzen aus der Meditation über das, was man den »kostbaren menschlichen Körper« nennt, ziehen können.

Andere hängen sehr an der sogenannten Realität der Dinge, die sie für unveränderlich halten. Sie sind dadurch im Materialismus verwurzelt. Diese Personen werden von der Meditation über die Vergänglichkeit profitieren. Ebenso kann man über das Gesetz von Ursache und Wirkung (Karma) meditieren.

Die Ideen des Buddhismus helfen uns, unseren Geist äußerst geschmeidig zu halten. Im Moment ist unser Geist starr: Wenn das Leiden in Erscheinung tritt, ist er damit völlig beschäftigt, ebenso wird er es mit glücklichen Momenten sein. Unser Geist weist einen völligen Mangel an Flexibilität auf. Die oben beschriebenen Meditationen helfen uns, zu vermeiden, daß unser Geist wie hartgewordener Zement wird, der nicht mehr formbar ist. Große Geschmeidigkeit zu entwickeln heißt, daß unser Geist, welche Richtung auch immer wir ihn nehmen lassen, in der Lage ist, seinen Weg zu gehen. Darum ist es so wichtig, diese förderlichen Gedanken zu entwickeln.

Ihr seid größtenteils berufstätige Menschen. Und das ist ganz besonders wichtig für euch. Die Bemerkung, die man immer wieder hört:»Ja, aber ich habe keine Zeit, den Dharma zu praktizieren!«, gilt nicht. Ihr könnt den Dharma in allen möglichen Situationen praktizieren. Außerdem gibt es auch viele, die die Vorstellung haben, daß den Dharma zu praktizieren etwas wirklich Schwieriges sei. Das mag einem außenstehenden Beobachter so vorkommen, aber wenn man sich entschieden hat, den Dharma in seinem täglichen Leben anzuwenden, wird es wirklich sehr einfach. In den Texten findet sich der folgende Kommentar:»Von außen betrachtet, erscheint dies eher schwierig, aber sobald man daran geht, es innerlich zu praktizieren, wird alles ganz einfach. Und immer einfacher, bis die Zuversicht keine Anstrengung mehr kostet und man keinen Unterschied mehr sieht zwischen dem, was der Dharma ist und was nicht.«

Den Dharma zu praktizieren bedeutet, heilsame Gedanken zu entwickeln, sie auf den Alltag anzuwenden, auf diese Weise ein besserer Mensch zu werden und immer bereit zu sein, anderen zu helfen. Es gibt nichts Schwierigeres und nichts Einfacheres als das.

Untersuchen wir jetzt die erste Strophe der Texte über den Bardo.

Ach! Jetzt ist der Bardo der Geburt Wirklichkeit für mich geworden.
Ich gebe Müßiggang und Faulheit auf; in diesem Leben ist dafür keine Zeit.
Ich folge von nun an dem Pfad des Hörens ohne Zerstreuung, des gesammelten Nachdenkens und der Meditation.
Alle Erscheinungen manifestieren sich in der Form des dreifachen Körpers.[3]
Jetzt, wo ich einen menschlichen Körper erhalten habe, habe ich für Zerstreuung keine Zeit mehr.

Wenn man über diese Worte meditiert, wird man sich sehr bald darüber klarwerden, daß es Faulheit gibt, diese gefährliche Gewohnheit, die darin besteht, die Dinge auf morgen zu verschieben. Wenn man »morgen« sagt, so nimmt das oft kein Ende. Eine positive Handlung auszuführen erfordert starke Motivation. Man darf sich nicht darauf beschränken, sich mit der Vergänglichkeit aller Dinge zu beschäftigen, man muß auch eine inspirierte Energie für die Praxis des Dharma entwickeln.

Für Faulheit ist in diesem Leben keine Zeit ist: Man bildet sich tatsächlich gerne ein, daß man sein Leben lang alles laufen lassen und sich erlauben könnte, jeden Tag zu sagen: »Das kann ich auch morgen machen.« Wer diese Haltung aufgeben will, muß sich auf den Weg des Sich-nicht-Zerstreuens, des aufmerksamen Hörens, der Reflexion und der Meditation begeben.

Warum? Weil wir heutzutage geneigt sind, zu denken, daß alles, was sich uns darbietet, alles, was uns von außen anspricht, wichtiger sei als unser Geist selbst. Indem wir uns vor allem mit unseren Wahrnehmungen beschäftigen, mit allem, was wir vor Augen haben, provozieren wir augenblicklich Regungen der Zuneigung oder der Abneigung in unserem Geist. Wir müssen verstehen, daß alles, was in unserem Geist auftaucht oder von ihm wahrgenommen wird, in Wahrheit nur eine Projektion des Geistes selbst darstellt oder, anders gesagt, zur Arbeit des Geistes selbst gehört.

Alles erscheint in der Form des dreifachen Körpers: Einzig der Weg des Hörens, der Reflexion und der Meditation führt zur Verwirklichung der drei Körper: Dharmakaya (Körper der Leere, Gestaltlosigkeit), Sambhogakaya (Körper der Entzückung, inspirationeller Körper) und Nirmanakaya (Körper der Emanation, der individuellen Erscheinungsform). Diese drei Körper zu realisieren bedeutet, den Zustand des Buddha zu erreichen.

In dem Moment, wo wir einen menschlichen Körper erhalten haben, können wir unsere Zeit nicht mehr damit verlieren, zerstreut zu sein. Außerdem haben wir schon so viele Leben hinter uns, daß es absolut nicht sicher ist, daß wir auch in Zukunft wieder über einen menschlichen Körper verfügen werden.

Verdienste sammeln

Daß wir einen menschlichen Körper erhalten, ist die Folge sehr spezifischer Ursachen. Die Tatsache, daß wir uns im Zustand des Menschseins befinden, ist nicht zufällig. Wenn Dinge existieren, so liegen dem immer Ursachen zugrunde. Die Ursache findet sich in dem, was die Buddhisten das »Verdienst« nennen. Ohne tugendhafte Haltung, ohne das Sammeln von Verdiensten ist es nicht absolut sicher, daß wir wieder einen menschlichen Körper erhalten. Und ohne menschlichen Körper ist es schwer, den Dharma zu praktizieren. Und ohne den Dharma ist das Erwachtsein unerreichbar.

Wenn man in der ersten Strophe des Textes über diesen Bardo liest: »Jetzt, wo ich einen menschlichen Körper erhalten habe«, heißt das folglich: Verschieben wir die Dinge nicht auf später, wir sollten nicht hoffen und uns nicht vorstellen, daß später alles besser wird. Es geht darum, daß man sofort – jetzt in diesem Moment – beginnt und ein für allemal eine Entscheidung über das trifft, was uns zu tun bleibt: den nicht tugendhaften oder nicht lobenswerten Gewohnheiten ein Ende zu setzen und gute Handlungen zu vollbringen sowie tugendhafte Gewohnheiten anzunehmen, die einen fruchtbaren Boden bereiten. Das versteht man unter »Verdienste sammeln«: Ursachen zu schaffen, die wohltuende Wirkungen hervorbringen. Tugendhafte Handlungen reifen und verwandeln sich in Verdienste. Sie lassen positive Neigungen entstehen, die in diesem oder einem späteren Leben zu glücklichen Ergebnissen führen.

Positive Neigungen und ihre Folgen (die Qualitäten, die auf diese Weise entwickelt werden) können zum Erwachen führen. Zumindest, wenn man, wie der Buddha lehrt, auch lernt, über die wahre Natur der Dinge zu meditieren. Außer den Verdiensten ist auch ein wirkliches Beteiligtsein notwendig. Der Kern der Botschaft des Buddha hat sicherlich mit der Leere zu tun, aber es bleibt notwendig, über so viele Verdienste wie möglich zu verfügen (über so viele grundlegend positive Tendenzen wie möglich), wenn man zu einem klaren Verständnis gelangen und das begreifen will, was man die »Leere« nennt.

Man erwirbt nur Verdienste, wenn man innerlich beteiligt ist: Die Tugend in rein formaler Weise zu praktizieren bringt nichts Gutes.

Man könnte sich zum Beispiel vorstellen, daß man, wenn man großzügig ist, später reich wird. Aber es gibt sehr viele Arten, großzügig und reich zu sein. Ihr könnt auf eine kritikwürdige oder unintelligente Weise großzügig sein. Und es gibt Begüterte, die aufgrund ihres Reichtums unüberwindliche Probleme haben und auf viele Schwierigkeiten stoßen. Wenn man es so betrachtet, ist ihr Reichtum wahrscheinlich nicht das Ergebnis von Verdiensten. Das gilt nicht nur für Menschen, sondern auch für Tiere. Es gibt Tiere, die mit wunderbaren Geweihen, Pelzen oder anderen kostbaren Attributen geschmückt sind, und das genau ist Ursache ihrer Schwierigkeiten.

Andererseits gibt es Menschen, die begütert sind, die aber, dank der ihnen zur Verfügung stehenden Mittel, ihr Leben für sich und andere sinnvoll und wirkungsreich gestalten.

Gemäß der Art der Tugend, die man übt, und dem Verdienst, der so angesammelt wird, entwickeln wir uns in die eine oder andere Richtung.

5 Die Träume sind trügerisch

Den Traum erkennen

Aus den Bardotexten geht hervor, daß der Moment des Einschlafens ein sehr bedeutender Moment ist.

Ach! Jetzt ist der Bardo des Traumes Wirklichkeit für mich geworden.
Ich gebe die Geistesverdunkelung auf, die mich in einem leichenhaften, unbeseelten Schlaf gefangenhält.
Und ich wähle den Pfad der Achtsamkeit ohne Zerstreuung.
Indem ich die wahre Natur des Traumes erkenne, verwandeln sich die Illusionen in Klares Licht.
Auf daß ich nicht wie ein Tier in Trägheit verharre, sondern durch geistige Übung Schlafen und Wachen als eines erkenne.

Achtet darauf, daß ihr in diesem wichtigen Moment nicht von allen möglichen Emotionen und störenden Gedanken beeinflußt werdet. Sie machen das Einschlafen schwer, und selbst wenn der Schlaf euch überkommt, werden deren negative Einflüsse stets Spuren hinterlassen. Es ist gut, sich vor dem Schlafengehen auf positive Gedanken zu konzentrieren; die belebende Wirkung dieser Gedanken wird bei allem, was sich im Traum zeigt, zu spüren sein.

Dieser Rat könnte für manche vielleicht beunruhigend sein. Zum Beispiel für diejenigen, die nicht einschlafen können, wenn auch nur der kleinste Lichtstrahl in ihr Zimmer fällt. Wenn sie nun begreifen, daß nicht nur draußen, sondern auch im Innern alles hell und klar sein muß, dann werden sie vielleicht niemals mehr einschlafen!

Wie auch immer, es ist wichtig, zu vermeiden, daß man einschläft, wenn man sich in einem Konflikt befindet, denn das kann schmerzliche Folgen haben. Jeder weiß auch, wie der Kopf beim Wachwerden schmerzt, wenn man nach einem feuchtfröhlichen Abend in den Schlaf gesunken ist. Daher der Rat, der in dieser Strophe gegeben wird: nicht bewußtlos wie ein Tier einschlafen, sondern während des Schlafens »Achtsamkeit ohne Zerstreuung« wahren.

Sich dessen bewußt zu sein, daß man träumt, während man träumt, ist eine Fähigkeit, die man lernen kann. Das Traumbewußtsein erlaubt es, die Illusionen als solche zu erkennen und sie wie ein Lichterspiel im Schlaf zu erleben, wie übrigens auch während des Wachzustandes. Man schläft dann nicht mehr »wie ein Tier«. Wenn man aber Schwierigkeiten hat, diese Vorstellung nachzuvollziehen, so reicht es, den Rat einfach folgendermaßen zu verstehen: Es ist wichtig, die Dinge als das zu erkennen, was sie sind. Alles, was uns passiert, ist nicht mehr und nicht weniger als ein Filmszenario.

Es heißt manchmal, daß jemand, der dreimal das Traumbewußtsein erlangt hat, die Fähigkeit erwirbt, im Moment des Todes und danach die Bardos zu erkennen. Unsere größten Probleme haben ihre Ursache darin, daß wir die Dinge nicht als das erkennen, was sie sind, daß wir uns durch Bilder, Empfindungen, Gedanken usw. blenden und in die Irre führen lassen. Manchmal sind die Bilder, die erscheinen, düster, manchmal heiter: indes erkennen wir sie nicht als vergängliche Traumbilder.

Oft erkennen wir die Dinge erst dann wirklich, wenn es zu spät ist, nämlich wenn wir tot und beerdigt sind. Deshalb ist es so wichtig, sich zu üben und sich beispielsweise anzugewöhnen, den Traum als eine Illusion zu erkennen.

Den Traum als solchen zu erkennen bedeutet, eine gewisse Meisterschaft zu erreichen, durch die man leicht zu dem gelangt, was man »Emanationen« nennt. Man kann beispielsweise von einem Erleuchteten träumen oder träumen, daß man die

Form eines erwachten Wesens angenommen hat, oder im Traum an Ereignissen teilhaben, die irgendwo ablaufen. So, wie es in der Lebensbeschreibung des Marpa steht: Marpa träumt, daß er von zwei weiblichen Wesen besucht wird, die ihn in das Paradies der Erwachten einladen. Er folgt ihnen, trifft auf den Buddha, von dem er Unterweisungen erhält, und kommt wieder zurück. Solche Dinge können sich im Traum ereignen.

Wie können wir uns an die Arbeit machen? Denn schließlich ist es nicht so leicht, sich während eines Traumes des Traums bewußt zu sein. Ein einfaches Mittel, um dahin zu gelangen – jetzt in diesem Moment –, ist zu denken, daß wir in einem Traum sind. So gewöhnen wir uns an die Vorstellung, daß wir uns in einem Reigen von Traumwelten befinden, und das kann zu interessanten Ergebnissen führen.

Lernen, mit dem Traum zu arbeiten

Wir könnten uns die Frage stellen: Was soll das alles? Was bringt uns die Erkenntnis des Traumes? Weiß denn nicht schon jeder, daß der Traum per Definition der Inbegriff der Illusion, daß er eine Halluzination ist? Wir sprechen und denken so, aber kaum aufgewacht, fahren wir fort, wie schon im Traum, zu denken, daß die Dinge real existieren. In Wahrheit bedeutet eine gewisse Meisterschaft im Träumen, daß wir uns zunehmend mit der Vorstellung vertraut machen, daß die Dinge, wo und wie auch immer sie erscheinen, bei Tag oder bei Nacht, nicht wirklich in der Weise existieren, wie wir uns das denken. Mit anderen Worten, wir nähern uns der Einsicht in die wahre Natur dessen, was existiert, das heißt der Leere, der machtvollen Quelle, der strahlend klaren Potentialität, aus der alles, was man sich vorstellt, in Erscheinung tritt.

Zu sagen, daß die Dinge nicht aus sich selbst existieren, sondern daß sie an der Natur der Leere teilhaben, heißt im übrigen nicht, daß man sie verdrängen, vernichten oder negieren sollte, bis nichts mehr bleibt. Ganz sicher nicht. Wie Tilopa sehr klar gesagt hat: »Die Dinge selbst vermögen nichts Böses. Edler Sohn, es sind nicht die Erscheinungsformen, die uns Schwierigkeiten bereiten, sondern es ist die Anhaftung an diese Formen, die uns so zu schaffen macht.«

Durch die Anhaftung an das, was in Erscheinung tritt, entstehen störende Emotionen wie Abneigung, Eifersucht oder Stolz. Diese Emotionen werden als störend bezeichnet, weil sie ein Hindernis darstellen und unangenehm sind: Jemand, der wütend ist, befindet sich wirklich nicht in einem erfreulichen Zustand. Niemand wird auch bewußt eifersüchtig sein wollen. Das sind verwirrende und sehr unangenehme Situationen.

Die Menschen verwenden wirklich sehr viel Aufmerksamkeit auf ihr Äußeres. Sie schminken sich und kaufen alle möglichen Sachen, um schön auszusehen, und Spiegel dazu, um zu prüfen, ob alles so aussieht, wie sie es möchten. Denken wir nur an die Zeit, die man braucht, um eine Brille auszusuchen, wie viele Modelle wir uns auf die Nase setzen, bevor wir entscheiden, was zu uns paßt. Wir verwenden nicht wenig Zeit auf diese äußerlichen Sorgen.

Hiermit wird nicht behauptet, daß die Dinge nicht wirklich existierten und daß man ihnen keine Aufmerksamkeit schenken sollte, daß ihr euch beispielsweise nicht mehr schminken und euch mit der erstbesten Brille zufriedengeben solltet. Es ist naheliegend, daß es eine innere Realität und eine äußere Erscheinungsform gibt und daß jemand, der wirklich ein hübsches Gesicht hat und in Wut gerät, überhaupt nicht mehr so hübsch anzusehen ist. Es ist also vielleicht weise, auch der inneren Realität etwas Aufmerksamkeit zu widmen und sich nicht allein um seine äußere Erscheinung zu kümmern.

Aber kommen wir zum Traum zurück. Wenn man eine gewisse Meisterschaft darin entwickelt hat, während des Traumes zu wissen, daß es sich um einen Traum handelt, können wir einen Schritt weitergehen und sagen: Wir werden während des Traumes positive Handlungen ausführen, wir üben uns in Meditation, wir praktizieren den Dharma. So können wir den Dharma am Tage praktizieren, aber auch nachts.

Manchmal passiert es, daß wir uns tagsüber mit schwierigen Problemen beschäftigen, anscheinend ohne Lösung. Manchmal kann es hilfreich sein, diese Dinge während des Traumes aufzugreifen. Es ist dann leichter, klar zu sehen, sie zu lösen und später einem guten Ende zuzuführen.

Wer diese Praxis beherrscht, kann sie anwenden, während er ißt, während er sich im Dharma übt, schläft oder während er spazierengeht. Wer das noch nicht so gut kann, wird sich manchmal auch, während er den Dharma praktiziert, täuschen, weil die Anhaftung ihm noch üble Streiche spielt.

Das ist auf jeden Fall gut zu wissen!

Wir können dem Text des Bardo vertrauensvoll folgen und versuchen, zu praktizieren, was dort geschrieben steht. Im übrigen reicht es nicht, zu wissen, daß diese Zwischenstadien existieren. Im Text ist klar gesagt: Seht, wenn sich dies und das ereignet, könnt ihr so und so reagieren. Wenn zum Beispiel geschrieben steht, daß man zu Beginn des Zwischenstadiums nach der Geburt der Faulheit gewahr werden muß, wird gleichermaßen empfohlen, auf diese Faulheit zu reagieren, sobald ihr bemerkt, daß sie euch überkommt. Letztendlich ist es diese Praxis, mit der man sich beschäftigt. Wenn wir über den Traum lesen, daß man darauf achten soll, während des Traumes des Lebens nicht wie ein Tier zu schlafen, so seht zu, daß euch das nicht passiert.

Es ist wichtig, sich nicht darauf zu beschränken, der Rede von jemandem zu lauschen, der erklärt: »Da geht's lang«, und es dabei bewenden zu lassen. Man muß alles untersuchen und ohne Säumnis anwenden, auf sehr praktische Weise, so wie der Text und alle Ratschläge des Buddha es nahelegen.

Wir lesen im *Bodhicaravatara*: Sobald man über die Freiheiten eines menschlichen Körpers verfügt, spricht man vom kostbaren menschlichen Körper.[4] Tatsächlich können wir durch ihn das wirklich zur Ausführung bringen, was wir machen wollen. Wir haben eine Neigung, tugendhaft zu handeln. Wir denken in Begriffen des Dharma. Wir können auch von allen Mitteln Gebrauch machen, die der Buddha uns an die Hand gegeben hat. So werden wir die Weisheit entwickeln, die zum Erwachen und zur Befreiung vom Leiden führt, und infolgedessen können wir fortan anderen wirksam helfen.

Der Sinn des Lebens

Wenn wir im Besitz eines kostbaren menschlichen Körpers und uns all seiner Vorzüge bewußt sind, ist es auch gut, sich daran zu erfreuen. Da wir als menschliche Wesen geboren sind, sollten wir dieses Leben auch in seinem wahren Wert schätzen. Als menschliche Wesen sind wir im übrigen immer auf der Suche nach dem Sinn einer Sache. Wenn wir einen Vortrag hören wollen und nach ein paar Minuten den Eindruck haben, daß diese Veranstaltung nicht sehr interessant ist, erlauben wir uns, uns zu erheben und den Saal zu verlassen. Wenn wir zwei oder drei Minuten auf die Straßenbahn oder den Zug warten, haben wir schnell das Gefühl, daß wir kostbare Zeit verlieren. Wenn wir unser gesamtes Leben betrachteten, könnten wir uns die Frage stellen: »Hat sich das alles gelohnt oder nicht?«

Es fällt uns ziemlich schwer, auf abstrakte Weise auszudrücken, was der Sinn unseres Lebens sein könnte oder sollte. Im allgemeinen würde es aber jedem von uns nicht so schwerfallen, zu entscheiden, ob das, was man gemacht hat, der Mühe wert war oder nicht. Habe ich also in diesem Leben vielen Menschen geholfen, habe ich positive Handlungen begangen? Das ist das Kriterium. Es ist das Wissen, »Das ist gut verlaufen«, das uns dieses ruhige Gefühl, daß es gut gewesen ist, gibt, wenn unser Leben frei von Zank und Streit war.

Jeder kann das für sich selbst nachvollziehen. Man weiß ja auch, daß Menschen, die sich um das Wohlergehen der anderen kümmern, eher geschätzt werden. Das Gegenteil trifft gleichermaßen zu: Wer anderen stets das Leben schwermacht, wer immer kritisiert und mit Frechheiten reagiert, wird kaum beliebt sein.

Es gibt keine Beschränkung für ein Handeln voller Großzügigkeit, Wohlwollen, Liebe und Altruismus. Jeder kann auf seiner Ebene etwas tun, ob er nun über Geld verfügt oder nicht. Im Tibetischen gibt es ein Sprichwort: »Die, die Geld haben, werden Hunderte und Tausende geben, die, die das nicht können, geben Nadel und Faden.«

Wir können uns von Vorbildern inspirieren lassen, vom Buddha selbst, einem strahlenden Leitbild, das allen Buddhisten lieb und teuer ist. Warum? Weil der Buddha Liebe und Güte verkörpert, so wie auch Christus diese Werte repräsentiert. Deshalb werden diese beiden von ihren Jüngern so verehrt. Nennt man dagegen die Namen bestimmter Wesen, die ein sehr negatives Leben geführt haben, so führt das zu Angst und Entsetzen bei den Menschen. Den Namen des Buddha oder Christi zu hören ruft unmittelbar Freude im Geist hervor, denn wir fühlen zutiefst in unserem Inneren, was es heißt, ein Leben voller Sinn zu führen.

Das Schauspiel

Weil alles unbeständig ist, sollten wir unverzüglich unserem Leben einen echten Sinn geben. Alle Lebewesen, menschlich oder nicht, sind vergänglich. Die Tradition benutzt hier als Gleichnis das Theaterstück, bei dem auf der Bühne ein Bild das andere abwechselt. Die Schauspieler erscheinen auf der Bühne und treten wieder ab. Es ist also ratsam, schnell zu handeln, sofort bereit zu sein. Wenn wir diesem Stück zusehen, sind wir uns vielleicht nicht der Tatsache bewußt, daß es während dieser zwei Stunden Schauspieler sind, die auf- und abtreten. Warum? Weil wir von dem Stück völlig absorbiert sind.

Ein anderes, oft gebrauchtes Bild ist das des Flusses. Wenn wir einen Fluß betrachten, begreifen wir nicht unbedingt, daß das Wasser, das wir anschauen, schon ewig fließt, daß es sich unaufhörlich erneuert und daß alles in ständiger Bewegung ist. Das beruht darauf, daß wir noch nicht an das Phänomen des Veränderlichen gewöhnt sind und daß wir glauben, es existiere unbestreitbar eine Realität, in diesem Falle die des Flusses.

Die Kraft des rechten Denkens

Bei allem, was wir erleben, sollten wir uns der Unbeständigkeit bewußt sein. In den Texten kann man lesen: »Wenn deine Haare Feuer gefangen haben, wirst du nicht sitzen bleiben, um über das, was passiert, zu meditieren, sondern du wirst sofort handeln.« Genau so kann man sich das Unbeständige aller Phänomene vorstellen und also sofort positiv handeln, weil man die Konsequenzen seiner Handlungen begriffen hat.

Jedes Jahr feiern wir unseren Geburtstag. Und jedes Jahr, ob wir nun dreißig, vierzig oder fünfzig Jahre alt werden, stellen wir eine Betrachtung darüber an, wie schnell doch das Leben vergeht. Und wir stehen ein wenig erstaunt davor. Dieses Erstaunen zeigt, daß wir noch nicht wirklich an die Vergänglichkeit aller Erscheinungen gewöhnt sind. Diese Wahrheit über das Leben scheint in unserem Bewußtsein noch nicht den ihr zustehenden Platz gefunden zu haben.

Es gibt verschiedene Formen der Unbeständigkeit, ebenso wie sich das Leiden in vielerlei Formen manifestieren kann. Man könnte manchmal denken, daß all diese Reflexionen über die Vergänglichkeit in Traurigkeit und Pessimismus mündeten; man könnte glauben, daß man, wenn man ständig an das Elend der anderen denkt, in Gefahr ist, selbst dem Elend anheimzufallen. Das ist keineswegs so!

All diese Gedanken in bezug auf die Vergänglichkeit und auch auf das Mitgefühl, das daraus entspringt, werden bei denen, die sie entwickeln, zu guter Letzt zu weniger Leiden führen.

Jemand, der wahres Mitgefühl auf der Basis eines richtigen Verständnisses praktiziert, der wirklich an das Wohl der anderen denkt, kann viel mehr vollbringen, als er glaubt. Menschen, die sich sozial engagieren, strahlen oft vor Glück; egozentrische Personen, die anscheinend viel mehr freie Zeit haben, verbringen ihr Leben in Kummer und Gram.

Schließlich sollten wir eines nicht vergessen: Die meisten Probleme, die meisten Formen von Unzufriedenheit und Leiden, die wir kennen, entstehen aus dem Nichtwissen darüber, daß sich alles immerzu ändert. Wir glauben, die Dinge seien von Dauer, sie existierten wirklich, seien festgefügt und unveränderlich. Wir nähren die tiefsitzende Neigung, uns an diese Vorstellung zu klammern. Wenn wir dann plötzlich merken, daß all das nicht der Fall ist, sind wir natürlich enttäuscht und leiden darunter. So verfallen wir jedesmal in einen Zustand des Unbehagens, der Unzufriedenheit, und haben alle möglichen Schwierigkeiten. Wenn wir klar erkennen, daß dieser Irrtum und diese Verwirrung die Ursache unserer Probleme sind, können wir sie vertreiben und Leiden durch Glück ersetzen.

Es ist nur ein Traum

Wir müssen uns indessen vor Augen führen, daß es nicht leicht ist, sich seine Träume ins Bewußtsein zu rufen. Es geht hier nicht darum, sich an Träume zu erinnern, sondern darum, sie zu »erkennen«. Das ist ein großer Unterschied. Warum ist es so wichtig, die Träume zu erkennen? Weil man dann, von dem Moment an, endgültig begreift, daß die Träume Täuschungen sind. Und, noch einmal, warum ist das wichtig? Weil auf diese Weise die Überzeugung reift, daß die Dinge nicht wirklich existieren: Man entwickelt die Angewohnheit, bei jeder Konfrontation (mit einer bestimmtem Manifestation, die dem Geist entspringt) vor allem nicht zu vergessen, daß auch sie letzten Endes nur eine vorübergehende Erscheinung ist und nichts weiter; eine Gedankenform unseres Geistes.

Aber wenn alles nur ein Traum ist, eine eingebildete Realität, und wenn wir das Leben, das wir alltäglich führen, gleichermaßen als einen Traum betrachten, als eine Art Manifestation, die unserem Geist entspringt, haben dann die negativen Handlungen, die wir begehen, eine Bedeutung? Können wir äußerstenfalls mit ruhigem Gewissen weiterleben, nachdem wir uns möglicherweise entschlossen haben, jemanden zu töten, weil wir glauben, daß alles ein Traum ohne Realität sei? Die Antwort ist natürlich »nein«.

Die Erfahrung des Traumes und des traumhaften Charakters der Realität darf uns nicht so in die Irre führen. Warum? Aus dem Grund, weil das Klammern an die Vorstellung, die Dinge seien existent oder nicht existent, als zwei Irrtümer derselben Kategorie gelten.[5] Den imaginären Charakter der Realität wahrzunehmen kann man nicht mit der Vorstellung gleichsetzen, daß sich diese Phänomene nicht handfest manifestieren. Wir mögen alles bagatellisieren und sagen, alles sei nur Traum, aber ein aggressives Wort bleibt dennoch verletzend, für den Nächsten wie für uns selbst.

Wenn dagegen zwei Menschen wirklich jenes Stadium erreichen, wo sie erkannt haben, daß nichts aus sich selbst heraus existiert, und alles als ein Zusammentreffen von Umständen (die der Leere entspringen) erkennen, dann werden sie ganz frei in ihrem Handeln. Das war der Fall bei Drugpa Künleg und Shakyapa. Der erste, ein »heiliger Narr«, hatte während eines Rituals, an dem er als Gast teilnahm, plötzlich die Idee, sich Haare und Gesicht mit Tsampa (Gerstenmehl) einzustäuben und sich ein Kangling (Blasinstrument) ins Ohr zu stopfen, statt es an den Mund zu setzen. Diese seltsamen und unverständlichen Handlungen führten dazu, daß die Mönche sehr erschraken und vom Verhalten ihres Gastes irritiert waren. Lama Shakyapa dagegen reagierte sehr liebenswürdig. Er sagte: »Das ist gut! Sich die Haare mit Tsampa einzustäuben, damit sie weiß werden, ist ein Zeichen, daß die betreffende Person sehr alt werden wird. Und das gilt auch, wenn man ein Blasinstrument an das Ohr hält: wenn man älter wird, hört man nicht mehr so gut. Das ist also auch ein Zeichen für langes Leben.«

Diese Gegenüberstellung macht deutlich, daß jene beiden ungewöhnlichen Mönche völlig losgelöst in ihrer Interpretation der Realität der Phänomene waren. Was diese beiden betraf, so konnten sie ohne weiteres verstehen, was tatsächlich passiert war. Für die anderen war dieser Moment unverständlich, weil sie einem gewissen Verhaftetsein nicht entgehen konnten. Das heißt allerdings nicht, daß jeder, dem es beliebt, sein Gesicht mit Tsampa pudern oder alle möglichen »unpassenden« Reaktionen zeigen sollte! Wir sollten uns nicht zu schnell zu dem Gedanken verleiten lassen, daß wir ein bestimmtes Niveau erreicht hätten. Wir sind noch sehr abhängig von der fundamentalen Überzeugung, daß die Realität, wie wir sie täglich sehen, der wahren Natur dessen, was in Erscheinung tritt, entspricht.

Vorzeichen

Gewöhnlich kann man Träume in drei Phasen unterteilen. Die erste betrifft die Vergangenheit, das, was am Vortag passiert ist, vor einem Jahr oder vor mehreren Jahren, in einem vorigen Leben, oder möglicherweise auch das, was mehrere Leben zurückliegt. Kurz gesagt, dies alles betrifft die Grundtendenzen der Vergangenheit. Die zweite Phase hat mehr Beziehung zur Gegenwart; die dritte, kurz vor dem Aufwachen, zur Zukunft.

Ein guter Traum (ein dharmischer zum Beispiel) zeigt an, daß wir glücklich sind. Die Symbole dafür sind: neue Kleider tragen, sich waschen, das Sonnenlicht sehen, auf einen Berg steigen, in einem Garten spazierengehen oder Verwandte und Freunde mit einem Lächeln auf den Lippen sehen.

Schlechte Träume sind die, in denen man nackt herumläuft, sehr große Traurigkeit empfindet oder auch Menschen aus seiner Umgebung tieftraurig sieht. Oder auch Träume, in denen man die Sonne untergehen sieht oder schmutzige Kleidung trägt. Ein Beispiel für einen besonders schlechten Traum ist wohl, wenn man träumt, daß man einen Esel besteigt und den Weg abwärts reitet. Allgemein bedeutet aufwärts zu steigen etwas Gutes. Auf den Gipfel zu gelangen ist aber kein »gutes« Zeichen mehr: Das heißt, das Ende des Lebens naht. All dies hat seine Bedeutung, ich habe es selbst erlebt. Eines Morgens ist mein Vater aufgewacht, und meine Mutter fragte ihn: »Was ist los, fühlst du dich nicht gut oder hast du vielleicht einen schlechten Traum gehabt?« Er erzählte, er habe geträumt, er sei irgendwo auf einem Hochplateau angelangt und habe die Vorstellung gehabt, dort könne er sich ausruhen. Diese Erzählung ist mir immer in Erinnerung geblieben. Ich war damals dreizehn Jahre alt und weiß jetzt, was für ein warnendes Zeichen das war. Wenig später starb mein Vater. Ich habe zu diesem Thema auch sehr deutliche Hinweise in den Texten gefunden. Andere schlechte Zeichen sind, wenn man Menschen trifft, die schon gestorben sind, und mit ihnen ißt oder tanzt.

Wenn von schlechten Träumen die Rede ist, wie zum Beispiel auf den Gipfel eines Berges zu gelangen oder mit Verstorbenen zu tanzen, könntet ihr anfangen, darüber nachzudenken, mit dem Ergebnis, daß diese Bilder schließlich in euren Träumen tatsächlich auftauchen … was nicht wirklich das Ziel dieser Lektion ist!

Manchmal passiert es, daß Leute gute Träume gehabt haben und sie erzählen, dann erzählen sie sie nochmals und immer wieder und binden sich auf diese Weise stark daran. Diese Anhaftung muß man vermeiden. Wenn ihr schlecht geträumt habt, könnt ihr alle möglichen Zweifel empfinden oder euch Fragen stellen. Solche Besorgnisse sind nicht wirklich nötig. Schließlich sind es nur Träume … und alles vergeht!

6 Meditation und Achtsamkeit

*Ach! Jetzt ist der Bardo der Meditation Wirklichkeit
für mich geworden.*
*Ich gebe die tausendfachen Ablenkungen und Trugbil-
der auf.*
*Verharrend im Zustand der Sammlung, irre ich nicht
ab, noch halte ich fest.*
*Ich muß Stabilität in beiden Stufen, der Entwicklung
der Vorstellung und der vollkommenen Versenkung,
erreichen.*
*Dem Handeln entrückt in der meditativen Versenkung,
verfalle ich nicht mehr Trugbildern der irreführenden
Leidenschaften.*

Wenn ihr meditiert, steigen eine Menge Gefühle in
euch auf und lenken euch immer wieder ab. Die
dritte Strophe des Textes über den Bardo, den wir
hier zitiert haben, spricht von zahlreichen Störungen, Täuschungen und Verirrungen.

Diese »Geistesverdunkelung« weist auf die vielen
Vorkommnisse hin, die uns in die Irre führen können. Wir können sie umgehen, indem wir uns in
einen Zustand versetzen, in dem wir nichts festhal-

ten. Während der Meditation verbleibt man ohne jede Form der Anhaftung: Wir binden unsere Aufmerksamkeit weder an die Tatsache, daß es Dinge gibt, noch daran, daß es sie nicht geben sollte oder daß es sie nicht gibt.

Danach finden wir noch im Text: »Ich muß Stabilität in beiden Stufen, der Entwicklung der Vorstellung und der meditativen Versenkung, erreichen.«[6]

Die Entwicklung der Vorstellung betrifft vor allem die Klarheit, die Fähigkeit, alles erscheinen, entstehen und sich manifestieren zu lassen. Die Versenkung bezieht sich auf die Leere. Diese beiden Aspekte, Klarheit und Leere, sind zwei grundlegende Qualitäten des Geistes. Während einer guten Meditation bleiben sie in einem Zustand der Stabilität untrennbar miteinander verbunden.

Die Wahrnehmung der Klarheit und Leere tritt ein, wenn wir die beiden Phasen der Meditation durchlaufen.

Der Text fährt fort: In dieser tiefen Meditation enthebt man sich jeglicher Aktivität und überläßt sich nicht mehr den verwirrenden Emotionen, die uns gewöhnlich an der Nase herumführen. Wenn man meditiert, sitzt man aufrecht, in Meditationshaltung, und ist bemüht, sich nicht von störenden Gemütsregungen ablenken zu lassen. Wenn ihr von weit her kommt, wäre es doch vollkommen absurd und unverständlich, wenn ihr euch während der Meditationssitzungen auf einem Retreat von störenden Einflüssen ablenken ließet. Vermeidet innere Kommentare, urteilt nicht und sprecht nicht schlecht von anderen. Das ist schädlich: Man sollte nicht zu meditieren versuchen und sich gleichzeitig allen möglichen Irrwegen des Geistes überlassen. Um diese Falle zu vermeiden, sollte man Achtsamkeit entwickeln. Sie bringt uns dazu, richtig einzuschätzen, ob das, was wir gerade tun, positiv oder negativ ist. Ist es wirklich gut, wie ich jetzt spreche? Hilft mein Vortrag anderen oder nicht? Und meine Gedanken? Und mein Tun? Geht meine Art, den Dharma zu praktizieren, in die richtige Richtung? Es ist klar, daß diese Achtsamkeit anfangs schwerfällt. Man muß immerzu eingreifen und sich verbessern, man muß sich dauernd korrigieren, um geschickter zu werden. Doch diese Achtsamkeit ist von allergrößter Wichtigkeit: Wenn man sich jedesmal korrigiert, eingreift und die Dinge auf den richtigen Weg bringt – auch wenn das zu Beginn mühsam ist und ungeschickt wirkt –, wird man mit der Zeit, im Verfolgen dieser Anstrengung, ganz spontan richtig reagieren.

Es ist also alles nur das Ergebnis von tiefgehenden Neigungen, die wir in unserem Geist einüben.

Eine Geburt wählen

Der Bodhisattva

Man kann auf verschiedene Weise geboren werden,
leben und sterben. Die meisten Wesen werden unter dem Einfluß von karmischen Kräften geboren.
Während des Bardo des Werdens, nach ihrem Tod,
werden sie durch den »Wind des Karmas« in die
Richtung einer (Wieder-)Geburt getragen, die ihrem Wesen entspricht.
Eine Geburt kann sich aber auch infolge einer
freien und unabhängigen Wahl ereignen, wie es bei
den Bodhisattvas der Fall ist: Sie können mit Absicht
in die Welt der Menschen oder anderer Lebewesen
geboren werden, allein durch ihr Bestreben, anderen zu helfen. Es gibt eine Erzählung von einem
König, der feststellte, daß sein Reich dabei war
unterzugehen, weil das ganze Volk von einer Epi-
demie befallen war. Nach der Auskunft der Weisen
konnte nur ein ganz bestimmtes Gift Heilung bringen. Wenn die Menschen dieses Gift essen würden,
wären sie bald geheilt. Der König sprach also den

Wunsch aus, zu sterben und in Gestalt dieses Giftes wiedergeboren zu werden. Indem er so sein Leben opferte, rettete er das Leben aller Bewohner des Königreiches.

Die Erzählung veranschaulicht, wie die Wiedergeburt in manchen Fällen eine bewußte und freie Wahl sein kann. Man sollte sich jedoch nicht vorstellen, daß ein Bodhisattva unbedingt in Gestalt eines bedeutenden spirituellen Wesens geboren werden muß. Ein Bodhisattva kann an jedem beliebigen Ort die »Szene betreten«. Es heißt zum Beispiel, daß ein Bodhisattva manchmal die Wahl trifft, als Schlachter wiedergeboren zu werden, um mit vielen Lebewesen in Verbindung zu treten, oder als Prostituierte. Es sind also nicht immer diejenigen, auf die sich die Scheinwerfer richten, wie auf den Dalai Lama zum Beispiel. Man kann sich sogar vorstellen, daß unter Säufern ein Bodhisattva lebt. Wie auch immer, der Wunsch, wiedergeboren zu werden, unterliegt bei ihnen der freien Wahl.

Ein Bodhisattva kann beispielsweise in Gestalt eines Vogels geboren werden, wenn das nützlich sein sollte. Der Bodhisattva stellt sein Leben vollkommen in den Dienst anderer Lebewesen. Ein normales Wesen dagegen lebt vornehmlich in der Sorge, sich selbst vor Problemen zu schützen. Das macht den Unterschied aus zwischen einem Bodhisattva und uns. Es ist klar, daß dieser Unterschied für das, was nach dem Tode passiert, Folgen hat. Wir haben darauf weniger Einfluß als die Bodhisattvas.

Nicht urteilen

Darum hat der Buddha uns nahegelegt, niemals Bemerkungen zu machen und Kommentare oder Urteile abzugeben wie:»Diese Menschen sind gut« oder»Jene sind schlecht«. Im übrigen liegen die Qualitäten eines jeden im Bereich des Geistes. Wir haben eher die Tendenz, Urteile auf der Grundlage dessen abzugeben, was wir an Äußerem sehen. Es gibt einen tibetischen Spruch, der lautet:»Die charakteristische Zeichnung eines Menschen liegt im Inneren; die Zeichnung des Tigers könnt ihr außen sehen.« Die maßgebenden Qualitäten eines Lebewesens liegen in seinem Charakter, seinem Wesen, also im Inneren seines Geistes. Die Linien, an denen man einen Tiger erkennt, lassen sich außen, an seinem Fell, ablesen. Daraus ergibt sich, daß wir nicht zu schnell urteilen sollten, selbst über Tiere nicht. Wir wissen in Wirklichkeit nicht, wer diese Lebewesen sind. Wir wissen nicht, aus welchem vergangenen Leben wir selbst hervorgegangen sind.

Wie könnten wir also wissen, woher die anderen Wesen kommen?

Wenn drei oder vier Personen beieinander sind, könnte immer ein Bodhisattva darunter sein, heißt es in den Texten. Ich denke hier an eine amüsante Geschichte über zwei alte Lamas, die genau über diesen Punkt in eine hitzige Diskussion verfielen. Bei ihnen war ein Knabe, ein junger Mönch, der sie begleitete, um ihnen zu Diensten zu sein. Die Diskussion entwickelte sich. Einig waren sie sich darüber, daß unter drei Personen immer ein Bodhisattva sei. Dabei waren sich die beiden Alten einer Sache ganz sicher: Der Diener konnte nicht der Bodhisattva sein. Endlos palaverten sie über die Frage, wie man wissen könne, wer von ihnen beiden es sei, aber in Wirklichkeit war der Junge der Bodhisattva.

Vielleicht habt ihr die Biographie über den tibetischen Yogi Milarepa gelesen. Einst hielt er sich bei einem Mann auf, der ihm erzählte, daß in seinem Dorf Plünderer und Mörder Angst und Schrecken verbreiteten. Der Begleiter von Milarepa forderte ihn auf:»Das Beste, was du tun kannst, ist, einen Hagelsturm herbeizurufen, damit alles vernichtet wird.« Das tat er. Als Milarepa später wieder in das Dorf kam und die Verwüstung sah und den Tod, den er gesät hatte, war er sehr bestürzt. Er sagte:

»Das ist nicht zu glauben, wir, die Jünger von Marpa, haben uns zu einer solchen Lösung verleiten lassen! Welch eine Verirrung!« Er begann also die Toten einzusammeln, legte sie neben sich und bereute seine Tat. Sein Begleiter bemerkte:»Die Kraft der Lehren Marpas ist sehr groß.« Gemäß diesen Worten meditierte Milarepa und erreichte die Befreiung. Alle Körper erwachten wieder zum Leben, und die Tiere liefen davon. Danach wurden alle Wiedererwachten seine Schüler, was Milarepa folgenden Gedanken eingab:»Schade, daß nicht noch mehr Menschen und Tiere beim Hagelsturm den Tod gefunden haben.« Es ist also schwierig, vorherzusagen, was wirklich gut oder schlecht in dieser oder jener Situation ist, zumindest, solange wir nicht alle Gegebenheiten kennen.

Für gewöhnliche Wesen, wie wir es sind, heißt es also vor allem, in der bestmöglichen Weise für sich und die anderen zu handeln. Wenn einer vor unseren Augen negativ handelt, ist es vielleicht klüger, diesen Menschen nicht sofort zu verurteilen. Was nicht bedeutet, daß man alles akzeptieren müßte, was diese Person macht. Das bleibt sicher eine Frage des gesunden Menschenverstandes.

Ein Bodhisattva wird auch auf besondere Weise sterben, wie in den Biographien vieler Bodhisattvas nachzulesen ist. Es wird an seltsamen Zeichen im Augenblick ihres Todes sichtbar. An der Erscheinung eines Lichtkörpers zum Beispiel: Der Körper löst sich in Licht auf wie ein Regenbogen und verschwindet dann. Nur Haare und Nägel bleiben zurück. Oder der Körper wird nach dem Hinscheiden ganz winzig.

Im Augenblick des Todes verharren sie oft in einem Zustand, den man »Meisterung des Geistes« nennt, was heißt, daß sie sich während des Sterbeprozesses im Zustand der Meditation befinden. Ob es nun das Zwischenstadium der Geburt, des Lebens oder des Todes ist, jeder Bardo verläuft für einen Bodhisattva in besonderer Weise.

Ein Bodhisattva durchläuft nicht den Bardo des Werdens. Bei den normalen Wesen sind alle diese Stadien, alle diese Bardos mit Leiden verbunden: Leiden im Augenblick der Geburt, Leiden im Leben an all den Problemen, die damit zusammenhängen, und Leiden in der Todesstunde. Darum wird der letzte Bardo manchmal der »Zwischenzustand des Leidens beim Tode« genannt.

Über den Tod

Jeder stirbt. Es gibt so viele berühmte Beispiele, die wir anführen können: Buddha, Milarepa, Christus etwa sind auf beispielhafte Weise gestorben. Was unseren eigenen Tod betrifft, so sollten wir jedenfalls davon ausgehen, daß es für uns kein Mittel gibt, ihm zu entgehen. Wer es auch sei, der Buddha oder sonst ein spiritueller Lehrer, wir finden niemanden, der nicht zu einem bestimmtem Zeitpunkt sterben müßte. Wenn wir uns zum Beispiel unseren Freundeskreis vor Augen führen, müssen wir vielleicht feststellen, daß viele von ihnen schon tot sind. Ob man reich oder arm ist, welchen Namen auch immer man trägt, welche Nationalität wir auch haben, für jeden ist der Tod eine unumstößliche Tatsache. Es gibt Menschen, die viele Probleme lösen können, weil sie Geld haben. Andere können sie lösen, weil sie die Kunst des Wortes beherrschen. Und wieder andere, weil sie es verstehen, sich aus der Affäre zu ziehen, oder weil sie einen schönen Körper haben … Das Problem des Todes aber kann nicht gelöst werden. Keiner entkommt dem Tod. Das sollte uns veranlassen, uns von jetzt an vorzubereiten …

Der Übergang

Es gibt natürlich Menschen, die behaupten, Sterben sei eine Kleinigkeit. In ihrem Fall läßt man es dabei, und das Gespräch ist beendet. In Wirklichkeit heißt Sterben Leiden. Es ist kein angenehmer Übergang. In Momenten, wo alles schwer wird, ist man schnell versucht, zu sagen: Es ist genug, ich will da raus, ich werde meinem Leben ein Ende setzen. Als ob die Probleme durch Selbstmord ein Ende hätten! Es ist klar, daß im Augenblick des Todes die Probleme absolut nicht gelöst sind.

Es stimmt auch, daß man hin und wieder von Todeserfahrungen hört, die als paradiesischer und glückseliger Zustand beschrieben werden. Diese Berichte zu hören, auch wenn sie eine gewisse Realität widerspiegeln, ist eine Sache. Die Todesreise selbst zu machen ist etwas anderes …

Bereit sein

Von wieder anderen Menschen hört man die Bemerkung, es sei doch ganz klar: Wenn man geboren wird, muß man logischerweise auch sterben. Dabei lassen sie es schlicht bewenden ... bis zu dem Moment, wo sie selbst sterben. Zu diesem Thema gibt es eine sehr lehrreiche Anekdote aus dem Leben von Marpa. Marpa, ein Yogi und berühmter Lehrer, verlor seinen Sohn und war darüber besonders betrübt. Zwei Männer kamen vorbei, denen er einst, als sie selbst einen Sohn verloren hatten, folgenden Rat gegeben hatte: »Wenn ihr jetzt denkt, daß es ein Traum war, in dem euer Sohn gestorben ist, habt ihr weniger Kummer.« Marpa hatte den beiden diese Belehrung gegeben und ihnen geraten, das bereits existierende Leiden nicht unnötig zu vergrößern. Als die beiden Alten sahen, wie traurig Marpa nun selbst war, sagten sie: »Wie ist das möglich? Ihr konntet uns überzeugen, das Trauern zu lassen, und jetzt habt ihr selbst so großen Kummer!« Marpa erkannte also, daß es sehr viel leichter ist, andere Menschen über die richtigen Prinzipien zu belehren, als sie selbst anzuwenden.

Die Moral dieser Geschichte ist, daß, wenn man von Wahrheiten spricht, alles viel leichter scheint, als wenn man sie selbst leben muß. In der heutigen Zeit gibt es viele Bücher, Kurse und Lehrgänge zum Thema Sterbebegleitung, aber wir sollten darüber nicht vergessen, uns selbst auf unseren eigenen Tod vorzubereiten.

Vorsorge treffen

Manche sprechen sehr locker über den Tod, bagatellisieren ihn und beschäftigen sich nicht weiter damit. Sie sagen: Ach! Mir ist das doch egal ...

Es gibt auch Menschen, die schon von Angst gepackt werden, wenn sie nur das Wort »sterben« hören. In diesem Fall ist es ratsam, sich wirklich klarzumachen, daß alles, was geboren wird, Alter und Krankheit unterliegt, und Sterben die natürlichste Sache der Welt ist.

Wir können die beiden extremen Reaktionen angesichts des Todes (Gleichgültigkeit und Panik) vermeiden, indem wir uns von jetzt an immer wieder damit beschäftigen, indem wir uns darüber Wissen verschaffen, was in jenem Moment geschieht, und indem wir lernen, wie wir reagieren sollen, wenn er naht.

Übrigens sind die Unterweisungen zum Bardo sehr präzise. Es heißt etwa: In dieser und jener Phase wird euch das und das widerfahren, und in einer anderen wird das und das geschehen. Ihr müßt so und so reagieren. Diese Unterweisungen sind wertvoll, denn sie geben uns Mittel an die Hand, um uns vorzubereiten. Wir können uns informieren, und es kann sogar sehr spannend werden, wenn man sich fragt: »Werde ich es schaffen, all diese Ratschläge zu beherzigen, wenn der Tod kommt?« Es ist wichtig zu wissen, daß all die Betrachtungen und die praktischen Ratschläge, die in den Texten zum Tod gegeben werden, nicht darauf zielen, ihn noch komplizierter und schmerzvoller zu machen oder zusätzliche Probleme zu schaffen. Ganz im Gegenteil: Die Texte sind dazu da, um die Schwierigkeiten, auf die wir treffen können, zu verringern.

Ohne Reue

Jede traditionelle Form der Spiritualität, sei sie christlich oder anderer Art, sollte in demselben Maß, wie sie ausgeübt wird, zum Abbau von Ängsten führen. So sollte es sein.

Es gibt noch eine andere Haltung dem Tode gegenüber, die ebenso vermieden werden muß: Sie besteht darin, den Gedanken an den Tod zu verdrängen, ihm nicht ins Gesicht sehen zu wollen, oder, noch schlimmer, sich dagegen aufzulehnen. Es hat keinen Sinn, etwas abwenden zu wollen, was unausweichlich passieren wird. Hierzu Milarepas Worte:»Ich bin in die Berge gegangen, weil ich Angst vor dem Tod hatte. Ich habe meditiert, und jetzt, dank meiner Meditationsübungen, habe ich keine Angst mehr vor dem Tod.«

Das Beste, was man hoffen kann, ist, so gut vorbereitet zu sein und so wirksam geübt zu haben, daß man anfängt, das alles spannend zu finden. Nicht auf die simple und etwas primitive Art, sondern weil wir, dank der erworbenen Kenntnis und unserer Praxis, umfassend über das Thema Bescheid wissen und wirklich vorbereitet sind.

Das wichtigste ist tatsächlich, sich gut vorzubereiten, um ohne Furcht und Reue zu sterben.

Woher kann die Reue kommen? Unser Leben lang hören wir Ratschläge: Ihr müßt tugendhaft handeln, ihr müßt den Dharma praktizieren. Wir denken dran und fügen hinzu:»Morgen fange ich damit an.« Und das wiederholen wir jeden Tag! Man kann so weitermachen bis zu dem Moment, wo der Tod an die Tür klopft, und mit ihm kommt dann die Reue. Reue in dem Sinn, daß man sich sagt: »Ich hätte den Dharma praktizieren sollen, und ich habe es nicht getan.« Oder auch:» In diesem Leben war ich nicht freundlich zu meinen Freunden oder zu meinem Partner.« Oder: »Statt liebenswürdig zu sein, bin ich immer launisch gewesen.« Oder auch: »Für die Menschen in meiner Umgebung habe ich nicht wirklich alles getan, was ich hätte tun können.«

Man stirbt, und für alles andere ist es zu spät.

Zeichen

Es heißt, daß jemand, der in der Praxis der Meditation sehr geübt ist, seinen Tod ein oder zwei Jahre im voraus kommen fühlt. Denn bestimmte Geschehnisse auf der Ebene der Energie und der Atmung zeigen an, daß die Stunde gekommen ist. Wenn man noch nicht so weit ist, um dies zu bemerken und zu verstehen, kann man im Tibetischen Totenbuch genaue Hinweise über Zeichen finden, die ein oder zwei Jahre vor dem Tod erscheinen. Wenn diese Zeichen nicht vorhanden sind, können andere Dinge Hinweise geben, wie Träume oder auch die allgemeine Stimmung. Eine Stimmungsveränderung kündigt oft den Tod an, egal, wie alt man ist. Das ist zum Beispiel der Fall, wenn jemand, der immer ausgeglichen und positiv gestimmt war, sich plötzlich auf unvorhersehbare Weise zu verhalten beginnt, etwa oft wütend wird.

Oder, umgekehrt, wenn jemand immer mürrisch und zornig war und nun liebenswürdig wird. Menschen, die für gewöhnlich langfristig planen, haben es nun mit bestimmten Dingen sehr eilig, oder umgekehrt. Man kann sich fragen, woher diese radikale Veränderung des Verhaltens kommt. Die Ursachen dafür sind zweifellos in einer Veränderung zu suchen, die in den feinstofflichen inneren Kanälen und den Energien, die dort zirkulieren, eintritt. Eine solche Verhaltensänderung tritt nicht immer plötzlich auf. Es kommt tatsächlich vor, daß jemand manchmal zwei oder drei Jahre im voraus merken kann, daß seine Stunde naht.

Ratschläge, die der Buddhismus gibt

Der Tod kann die Folge des eigenen Karmas sein, die Folge einer gesundheitlichen Beeinträchtigung, die zu stark geworden ist, eines Unfalls oder einer Krankheit, oder er kann auch ganz andere Ursachen haben.

Das alles macht keinen Unterschied, weil man als Buddhist immer etwas tun kann, um angemessen damit fertig zu werden.

Gesundheitliche Beeinträchtigungen können etwa durch richtige Lebensführung, durch Einnahme von Medikamenten, durch die Kombination von Medikamenten und Praktizieren des Dharma und in manchen Fällen allein durch Dharmapraxis beseitigt werden.

Man kann enorm viel tun: auf Pilgerfahrt gehen zum Beispiel. Das Christentum, der Islam und der Buddhismus bieten diese Möglichkeit. Es gibt Menschen, die sich entscheiden, eine Pilgerfahrt anzutreten und die sehr lange Strecken überwinden, wobei manche sogar noch Kniefälle machen. So zu handeln kann gewisse gesundheitliche Störungen zum Verschwinden bringen. In jedem Fall sollten wir, wenn wir sterben, sicher sein, daß alles, was auf körperlicher Ebene getan werden konnte, auch geschehen ist. Der Sterbende selbst sollte in seiner Todesstunde mit Gewißheit sagen können: »Dieses Leben war gut. Alles, was ich zu tun hatte, ist getan.« Die Hinterbliebenen, Verwandte und Freunde, sollten ebenso ruhigen Gewissens sagen können: »Sei es durch den Dharma, sei es durch ärztliches Eingreifen – wir haben unsere Mittel ausgeschöpft.« Wenn der Tod also trotz alledem eintritt, dann hat das mit Karma zu tun. Der, der stirbt, und die, die am Leben bleiben, sollten das Gefühl haben, daß die Lebenskraft, die der Sterbende besaß, erschöpft ist. Es ist auch nicht richtig, daß jemand, der stirbt, den anderen gegenüber negative Gedanken aufkommen läßt. So zu sterben ist sicherlich nicht gut. Tatsächlich ist es wichtig, beim Nahen des Todes gute Taten zu vollbringen. Wenn man dazu selbst nicht mehr in der Lage ist, kann man andere bitten, es zu tun. Im Islam kann man andere bitten, nach Mekka zu pilgern, um jemandem zu helfen. Selbst im Christentum und im Buddhismus kommt so etwas in Betracht. Ob man nun selbst gute Taten vollbringt oder sie durch andere tun läßt, der Verdienst ist in jedem Fall der gleiche.

Das Leben ist kostbar

An dieser Stelle könnte gefragt werden: »Was aber ist letztendlich die Position des Buddhismus?« Einerseits heißt es immer, daß das, was geboren wird, sterben muß, und andererseits macht man so große Anstrengungen und wendet so viel Mühe auf, um das Sterben zu verhindern. Wie bringt man diese beiden Aspekte in Übereinstimmung? Wenn es unser Karma ist, in jedem Fall zu sterben, kann man dem doch so oder so nicht entrinnen!

Wenn wir diese Anstrengungen zur Bewahrung des Lebens dennoch auf uns nehmen, dann darum, weil wir das Leben um jeden Preis erhalten müssen. Jeder begreift sehr wohl die Bedeutung und den Wert des Lebens. Auch wenn ein Buddhist von zukünftigen Leben sprechen kann, wird er nichtsdestoweniger das gegenwärtige wie ein kostbares Gut erhalten und schützen wollen. All das, was über die Reinkarnation und über frühere und zukünftige Leben gesagt wird, hindert einen Buddhisten nicht, zugleich zu wissen, wie kostbar das gegenwärtige Leben ist.

Die Meditationen über das, was in den einzelnen Abschnitten dargelegt wird, werden zu großer Achtsamkeit führen, die ihrerseits die richtige Anschauung möglich macht. Sie ist der Ausgangspunkt für ein Leben der Klugheit und des Mitgefühls, und beides ist unerläßlich, um das Erwachen zu erreichen.

8 Der Sterbeprozeß

Es gibt eine direkte Verbindung zwischen dem Geist, den feinstofflichen Kanälen und den Energien, die im Körper zirkulieren.

Die Energiebahnen

Der Zustand der Energiebahnen ist ganz besonders wichtig. Man spricht häufig von den fünf Hauptbahnen der Energie. Wenn bestimmte Probleme diagnostiziert werden, untersucht man im allgemeinen eine der fünf Energiebahnen.

1. Die erste Energiebahn, die des *inneren Gleichgewichts*, steht in direkter Beziehung zum Verdauungstrakt. Meist befindet sie sich in Höhe des Magens und der Leber. Wenn bei dieser Energie ein Ungleichgewicht herrscht, werden zum Beispiel Nahrung und Getränke schlechter verdaut, und der Körper erleidet einen Wärmeverlust.

2. Die zweite Energiebahn, die der *Vitalität*, steht in Beziehung zu den Verstandesfähigkeiten, dem Intellekt, dem Gedächtnis und dem Funktionieren aller Organe. Diese Energiebahn ist in Höhe des Gehirns lokalisiert. Wenn sie gestört ist, bemerkt man das sofort, weil die Klarheit der Verstandesfunktion und das Gedächtnis nachlassen und auch die Organe nicht mehr gewohnt effektiv arbeiten.

3. Die dritte Energiebahn, die *absteigende*, steht in Beziehung zur Ausscheidung, aber auch zur Zurückhaltungsfunktion, hat mit der Menstruation zu tun und damit, daß die Mutter ihr Kind während der Schwangerschaft nicht verliert. Wenn auf dieser Ebene eine Störung eintritt, merkt man, daß die Doppelfunktion des Ausscheidens und des Zurückhaltens nicht mehr im Gleichgewicht ist. Diese Energie befindet sich in Höhe des Anus.

4. Es gibt auch eine *aufsteigende* Energiebahn, die mit der Fähigkeit zu sprechen und der Atmung zu tun hat. Wenn diese Energiebahn nicht in Ordnung ist, hat man Schwierigkeiten beim Schlucken, bei der Nahrungsaufnahme und auch Probleme beim Ein- und Ausatmen. Diese Energie befindet sich im Rumpf.

5. Schließlich gibt es noch die *alles durchdringende* Energiebahn, die überall vorhanden ist. Sie steht in Beziehung zum Blutkreislauf, zur Herzfunktion, zum Atemrhythmus und hat auch mit der Beweglichkeit des Körpers zu tun. Wenn beispielsweise die Beweglichkeit von Armen und Beinen betroffen ist, diagnostiziert man eine Störung im Bereich dieser Energiebahn, die ihren Ausgangspunkt in Höhe des Herzens hat.

Wer irgendein Problem hat, mit der Verdauung zum Beispiel, muß nicht gleich denken, daß diese oder jene Energiebahn insgesamt gestört ist und daß bald alle möglichen Beschwerden eintreten werden. Jedermann weiß, daß man nach einem üppigen Essen manchmal Verdauungsprobleme hat. Auch wenn man einmal eine Kleinigkeit vergißt, sollte man nicht gleich denken, daß die Energiebahn, die mit der Geistesklarheit zu tun hat, gestört ist ...

Wer sich dieser Energien klar bewußt ist, kann deutlich und im voraus erkennen, was mit ihm geschieht. Der Sterbeprozeß läuft nämlich nicht bei allen Menschen in gleicher Weise ab. Wer seine feinstofflichen Wahrnehmungskräfte entwickelt hat, fühlt durch das Funktionieren dieser Energiebahnen, wie die Dinge bei ihm selbst stehen.

Die Chakras

Wenn wir den Sterbeprozeß beschreiben, ist es nützlich, auch von den Chakras zu sprechen.

1. Das Chakra, das in Höhe des Nabels liegt, löst sich als erstes auf, wenn wir sterben. Warum? Weil diese Öffnung auch die Verbindung (die Nabelschnur) zum Leben ist. Hier befindet sich ebenfalls die Energie, die in Beziehung zu den Auf- und Abwärtsbewegungen steht. Wenn dieses Chakra erlischt, löst sich das Element Erde im Element Wasser auf. Dies bringt Erfahrungen mit sich, die sich in unterschiedlichen Bereichen abspielen können. Es gibt auch *äußere Zeichen*. Man fühlt zum Beispiel seine Kraft schwinden. Der Hals kann den Kopf nicht mehr halten, und die Beine sacken weg. Oder die Hände können keine Gegenstände mehr heben. Die Hautfarbe wechselt und wird leicht bläulich. Die Zähne verfärben sich etwas ins Schwärzliche. Man ist beispielsweise auch nicht

mehr in der Lage, den Speichel und die Nasenflüssigkeit zurückzuhalten.

Es können auch *innere Zeichen* auftreten: Das Bewußtsein ist weniger klar. Man hat das Gefühl, der Geist sei benebelt oder sogar direkt verdunkelt. Im Schlaf versucht man, die Decken abzuwerfen. Man reibt sich oft die Augen oder reißt sie immer wieder mit Gewalt auf.

Dann gibt es *geheime* Anzeichen. Die Bedeutung dessen, was man wahrnimmt, ist nicht mehr eindeutig. Ihr kennt wahrscheinlich diesen Geisteszustand, wo man etwas taxiert, gleichzeitig aber Zweifel in sich aufsteigen fühlt. Es ist vergleichbar den seltsamen Phänomen der Fata Morgana: Wir empfinden alle möglichen eingebildeten Sinneseindrücke, so, wie man etwa bei großer Hitze ein Flimmern der Luft wahrzunehmen meint oder den Eindruck hat, die Straße gehe in den Horizont über.

2. Im *Herzchakra* liegt die Energie, die der Haut ihren lebendigen Glanz gibt. Er schwindet zugleich mit diesem Chakra. Genau in diesem Moment löst sich das Element Wasser im Element Feuer auf. Die *äußeren* Anzeichen sind ein trockener Mund, die Nasenflügel fallen zusammen, und man ist nicht in der Lage, heißt es, die Spitze seiner Zunge zu sehen.

Meist nimmt ein Lama oder jemand, der den Dharma praktiziert, zu diesem Zeitpunkt eine aufrechte Sitzhaltung ein und zieht ein gelbes Gewand an, um sich auf den Tod vorzubereiten.

Das ist übrigens nicht immer der Fall. So gab es einmal einen Lama, der zu dem jungen Mönch, der ihm diente, sagte: »Bring mir schnell das gelbe Gewand.« Der Mönch gab es dem Lama, der sich anscheinend auf den Tod vorbereitete. »Geh jetzt!« hörte er dann. Er tat es. Und als er draußen stand, dachte er: »Wie traurig, mein Lama scheidet aus diesem Leben.« So wartete er eine Weile, tief in Gedanken versunken, als er plötzlich seinen Namen rufen hörte, und dann: »Wo bleibt denn mein Tee?« Wie groß war sein Erstaunen!

Das *innere* Anzeichen, daß sich Wasser in Feuer auflöst, ist eine Trübung des Bewußtseins und die Tatsache, daß man besonders reizbar ist und schnell in Wut gerät. Das *geheime* Zeichen ist, daß man die Vorstellung hat, Rauchwolken zu sehen.

3. Wenn das *Kehlkopfchakra* erlischt, schwindet auch die Energie, die in Beziehung mit der Nahrungsumsetzung und der Trennung der festen und flüssigen Stoffe steht. Wenn dies eintritt, löst sich das Element Feuer in das Element Luft auf. Die *äußeren* Anzeichen dafür sind, daß die Luft, die man

ausatmet, kalt ist. Die Wärme verläßt den Körper in zunehmendem Maße; das beginnt bei den Zehen und setzt sich nach oben hin fort. Manchmal wird die Haut feucht, und es bilden sich kleine Schweißtropfen: Das ist ein Zeichen, daß die Wärme aus dem Körper weicht.

Ein Gefühl tiefer Unsicherheit ist das *innere* Anzeichen, die Bewußtseinsfunktion ist nicht mehr stabil. Man erkennt Menschen oder Dinge, und wenige Augenblicke später gelingt es einem schon nicht mehr, sie zu identifizieren.

Die *geheimen* Zeichen bestehen in inneren Wahrnehmungen, die Glühwürmchen ähneln, so wie man sie an manchen Abenden sieht. Ihr Licht kann nicht kontinuierlich verfolgt werden: Es kommt und geht, es blinkt.

4. Das gleiche passiert im Bereich der *intimen Körperteile*. Dieses Chakra schwindet und zieht dabei die Energie mit, die man »karmisch« nennt. Wenn dies eintritt, verflüchtigt sich das Element Luft, das Bestandteil des Körpers ist, in das Element des Raumes. Dieser Vorgang ist von einer Vielzahl *äußerer* Zeichen begleitet: Die Atmung kann sich beispielsweise beschleunigen, ihren Rhythmus verdoppeln, oder die Phase des Ausatmens verlängert sich. Danach wird das Einatmen schwer, oder die

Atmung ist von Röcheln begleitet. Die Augäpfel verdrehen sich in den Höhlen.

Die *inneren* Zeichen beziehen sich darauf, daß das Bewußtsein sich in allen möglichen Phantasievorstellungen verliert. Die Antriebe des Lebens, das man geführt hat, tauchen wieder auf: Wenn man grundlegend positive Tendenzen entwickelt hat, werden die Antriebe, die daraus erfolgten und die in diesem Moment in Erscheinung treten, von gleicher Natur sein. So können manche Menschen im Augenblick des Hinscheidens unvermittelt ausrufen: »Seht, da erscheint Amitabha [der Buddha des Unendlichen Lichts]!« Oder aber man ist mit allen möglichen schreckensvollen Erscheinungen konfrontiert.

Zur *geheimen* Ebene gehören Vorstellungen, die Kerzenflammen gleichen.

Der äußere Tod

Wie weiter oben erklärt, folgt eine Reihe von Auflösungsprozessen aufeinander, wobei die verschiedenen Grundelemente oder Komponenten des Seins (auch Aggregate genannt) sich ineinander auflösen, während die Energieströme und Chakras schwinden: Erde in Wasser, Wasser in Feuer, Feuer in Luft und Luft in Raum. Das macht sich daran bemerkbar, daß die Sinnesorgane nicht mehr funktionieren. Alles ist blockiert. Dieser Vorgang verläuft auf unterschiedliche Weise und hängt von der jeweiligen Person, den Umständen und der Ursache ab. Es heißt, manchmal könne der biochemische Prozeß auch in umgekehrter Richtung verlaufen. Wie dem auch sei, schließlich erlöschen die organischen Funktionen endgültig. Es geht nicht mehr um Farben, Gerüche, Töne oder taktile Reize. Die Wahrnehmung durch die Sinne ist gestört. Man kann keine klare Unterscheidung mehr treffen zwischen Angenehm und Unangenehm, zwischen dem, was gut, und dem, was schlecht ist.

Was die westliche Medizin zum Thema der Sinneswahrnehmungen im Augenblick des Todes lehrt, entspricht wahrscheinlich dem, was hier dargelegt wurde. Ich glaube zu wissen, daß nach westlichen Erkenntnissen die letzte Sinnesfunktion, die verschwindet, das Gehör ist. Das paßt sehr gut zu dem Ratschlag, dem Sterbenden den Text des Tibetischen Totenbuchs ins Ohr zu flüstern.

Es würde sich lohnen, die westlichen medizinischen Kenntnisse mit dem, was hier über den Sterbeprozeß gesagt wurde, systematisch, oder wie ihr sagen würdet, »wissenschaftlich« zu vergleichen. Man käme dabei vielleicht zu dem Schluß, daß es vorteilhaft wäre, diese Kenntnisse miteinander in Beziehung zu setzen.

Was steht im Tibetischen Totenbuch? Die wörtliche Übersetzung des Titels ist folgende: *Befreiung durch Hören im Übergangsstadium des Todesaugenblicks.* Es heißt dort: »Verhaltet euch richtig, denkt gut nach, werdet nicht wütend, versucht, die Ruhe zu bewahren, meditiert über Liebe und Mitgefühl. Laßt euch nicht von allen möglichen Bildern, die auftauchen, in Verwirrung führen.« Diese Bilder sind deutlich beschrieben. Es steht dort auch: »Achtung! Das ist ein sehr wichtiger Moment, seid umsichtig.« All diese Ratschläge sollen zur Befreiung führen. Wie im Leben bekommt man auch hier gute

Ratschläge, die Probleme vermeiden und helfen sollen, die richtige Richtung beizubehalten.

Jetzt also löst sich das Bewußtsein im Raum auf. Die äußere Atmung hört auf, und die Gehirnfunktionen erlöschen. In diesem Moment spricht die westliche Medizin vom klinischen Tod. Aber es sollte klar sein, daß nur die äußere Atmung aufhört, nicht die innere. Das heißt, daß ein Unfallopfer oder ein Kranker, der sich in diesem Stadium befindet, noch ins Leben zurückkehren kann.

Deshalb ist man in Tibet vorsichtig und läßt den Körper, ohne ihn zu bewegen, noch eine gewisse Zeit liegen. Das ist im Westen nicht der Fall! Übrigens auch nicht in Indien oder Nepal. Das hängt sicher mit den Sitten und Gebräuchen eines Landes zusammen. Wenn in Nepal jemand stirbt, nimmt man sofort den Körper und legt ihn ans Flußufer, mit den Beinen im Wasser. Wenn der »Verstorbene« plötzlich das Verlangen spürt, sich zu erheben, kann er das tun, wird dann aber meist aufgefordert, den Ort oder sogar das Land zu verlassen.

In Indien dagegen wird beim Tod eines Menschen sofort die Einäscherung organisiert, und man legt den Verstorbenen gleich auf den Scheiterhaufen. Man erzählt sich, daß manchmal, nachdem man das Feuer entzündet hatte, Kinder oder auch Erwachsene plötzlich wieder Lebenszeichen von sich gegeben hätten. Das war auch der Fall bei einer Nonne, die angeblich tot war. Der Arzt, der den Tod feststellen sollte, hatte jedoch gewarnt, daß er das nicht mit völliger Sicherheit sagen könne. Man hatte trotzdem mit den Vorbereitungen begonnen. Die Nonne lag in ihrem Sarg, und die Zeremonien waren schon im Gange, als die »Verstorbene« sich wieder vernehmen ließ.

Man sieht also, daß das, was man aus den Texten über den Bardo lernt, manchmal auch in den Zeitungen steht!

Der weiße, der rote und der schwarze Pfad

Bei der Geburt entsteht Leben, weil die fünf Komponenten (Erde, Wasser, Feuer, Luft und Raum) sich vereinen. Am Leben zu bleiben ist das Ergebnis der Beziehung zwischen diesen fünf Elementen oder Aggregaten. Wenn man stirbt, gehen sie ein anderes Verhältnis zueinander ein.

Manchmal tritt man infolge von Krankheit oder unter dem Einfluß von fatalen Umständen in den Sterbeprozeß ein, so daß sich die verschiedenen Elemente ineinander auflösen. Die äußere Atmung hört auf, und dann erscheinen drei Zeichen: Ein weißer, leuchtender Punkt sinkt vom Scheitel herab, ein roter, leuchtender Punkt steigt vom Nabel auf, und beide Punkte treffen sich in Höhe des Herzens. Während der ersten Bewegung (dem Herabsinken des weißen Punktes) sieht man alle möglichen weißen Erscheinungen, die wie Mondlicht leuchten. Während der rote Punkt aufsteigt, sieht man eher ein rotes Schimmern, das der Sonne gleicht. Der weiße leuchtende Punkt entspricht dem väterlichen Aspekt, der rote leuchtende Punkt ist mit dem mütterlichen Element verbunden.[7] Beide zusammen stellen die Vereinigung dieser beiden Aspekte dar. Wenn der weiße leuchtende Punkt absteigt, verschwinden die verschiedenen psychischen Tendenzen, die mit dem Zorn in Verbindung stehen, genauer: die störenden Emotionen, die mit der Abneigung in all ihren Formen verbunden sind. Wenn dagegen der rote leuchtende Punkt aufsteigt, sind es mentale Gebilde wie Leidenschaft und Zuneigung, die sich auflösen.

Wenn die beiden leuchtenden Punkte sich aufeinander zubewegen, betritt man den Weg, welcher der »schwarze Pfad« genannt wird: eine Dunkelheit, in der alle störenden Emotionen aufgelöst sind und aus der das Klare Licht emporsteigt.

Dieses Klare Licht stimmt mit der Klarheit überein, die wir zu Lebzeiten während der Meditation erfahren haben. Eine beständige Meditationspraxis während unseres Lebens hilft uns im Prozeß des Sterbens. Die Folgen der Praxis, in der wir uns im Laufe unseres Lebens geübt haben, und das Klare Licht, das im Bardo der Höchsten Wirklichkeit erscheint, treffen also zusammen und haben ihren Anteil an dem, was wir in der ersten Zwischenstufe nach dem Tod erfahren, das heißt im Bardo der Höchsten Wirklichkeit. Dies ist ein ganz besonders wichtiger Moment, denn man kann, wenn man diese Phase erkennt »wie eine Mutter ihr Kind«, unmittelbar in den Zustand des vollkommenen Erwachtseins gelangen. Was sich in diesem Augenblick ereignet, wird im übrigen die »Begegnung des Klaren Lichts von Mutter und Sohn« genannt. Diese Begegnung hat eine große Bedeutung für das, was folgt: Sie kann uns zum Erwachen bringen. Dieses Klare Licht ist in allen lebenden Wesen gegenwärtig, selbst in der kleinsten Mikrobe. Es ist die Quintessenz unseres Geistes, unseres erwachten Wesens, manchmal das »Potential des Erwachens« genannt, das vergegenwärtigt, aktiviert oder erst entwickelt werden muß.

Die Meisterung des Geistes

Jemand, der in der entsprechenden Praxis sehr geübt ist, kann einige Tage in diesem Zustand (der »Begegnung von Mutter und Sohn«) verharren. Solche Menschen sitzen aufrecht, in Meditationshaltung, und hören in dieser Übergangsphase des Bardo der Höchsten Wirklichkeit nicht auf zu meditieren. Zuweilen nimmt jemand diese Haltung erst auf den Rat eines Vertrauten oder Begleiters hin an, beginnt zu meditieren und gelangt auf diese Weise in den Zustand der »Meisterung des Geistes«.

Sehr lange im Bardo der Höchsten Wirklichkeit zu bleiben wird nicht unbedingt als gutes Zeichen betrachtet. Es ist eher ein Zeichen der Anhaftung an den Zustand der Glückseligkeit in der vollkommenen meditativen Versenkung (Samadhi) als ein Zeichen der Meisterung des Geistes. Nicht, daß man das verdammen sollte, aber es ist sicherlich nicht das beste aller Zeichen. Nach drei oder vier Tagen sollte man diesen Zustand normalerweise verlassen. Man gelangt dann entweder in Paradiese der erwachten Wesen, oder man bereitet sich darauf vor, als Tulku wiedergeboren zu werden, eine Reinkarnation mit gewissen Erkennungszeichen. Es gibt eine Reihe von Anzeichen dafür, daß man den Zustand der Meisterung des Geistes verläßt. Die betreffende Person sitzt immer in Meditationshaltung und hält den Körper ganz gerade. Plötzlich entweicht eine weiße Substanz aus dem rechten Nasenflügel und eine rote aus dem linken. In diesem Moment verläßt das Bewußtseinsprinzip den Körper, und der Kopf fällt zur Seite oder nach vorn.

In welcher Haltung soll man sterben?

Wenn jemand stirbt, kann man beobachten, daß Wasser aus allen Körperöffnungen tritt. Aber es ist auch sehr wichtig, zu wissen, was sich auf der Ebene des Geistes abspielt und welchen Weg er wählen wird, um den Körper zu verlassen. Der menschliche Körper hat neun Öffnungen: die Augen, die Ohren, die Nasenlöcher, den Mund und die »intimen Körperöffnungen«. Abgesehen von diesen Körperöffnungen ist die auf dem Scheitelpunkt des Kopfes gelegene ohne Zweifel der beste Weg, den Körper zu verlassen. Die Öffnungen, die Sekrete absondern, werden als weniger geeignet angesehen.

Wenn man den Texten folgt, ist die beste Haltung beim Sterben die Lotosposition. Wenn man sie nicht einnehmen kann, könnte man auch sterben, wie der Buddha es getan hat: auf der rechten Seite liegend, den Kopf in die Hand gestützt, das rechte Nasenloch und das rechte Ohr mit dem kleinen Finger und dem Zeigefinger schließend. Es mag seltsam erscheinen, daß dieses erhabene Beispiel hier nur an zweiter Stelle steht, wo wir uns doch sonst in allem den Buddha zum Vorbild nehmen. Die Lotosposition ist eine mögliche Haltung, und die Position des Buddha ist eine andere. Die eine ist der anderen nicht überlegen. Wie dem auch sei, ob man nun Buddhist ist oder nicht, es ist wichtig, im Sterben so lange wie möglich diese Haltung des Körpers beizubehalten. Wenn die Luft durch das linke Nasenloch zirkuliert – man nennt diesen Luftstrom den Luftstrom der Weisheit –, werden einem logische Gedankenketten unwillkürlich weniger zu schaffen machen. In einem solchen Moment ist das wichtig.

Drei oder vier Tage lang kann man in dieser Weise über das Klare Licht meditieren. Warum wird dieses Zwischenstadium der »Bardo der Höchsten Wirklichkeit« genannt? Weil in diesem Moment jegliche Spur einer störenden Emotion gelöscht ist. Unser Geist vereint sich mit dem Klaren Licht, das unserer wahren Natur entspricht. Es hängt von der jeweiligen Person ab, ob diese Phase nur einen Augenblick oder drei Tage lang dauert. Wenn man das Klare Licht nicht erkannt hat, verfällt man in einen bewußtlosen Zustand, aus dem man erst im Zwischenstadium des Werdens wieder erwacht.

Der Bardo des Werdens

Das Zwischenstadium des Werdens zu erreichen heißt, daß unser Körper wirklich tot ist. In diesem Moment beginnen wir, den »mentalen Körper« dieses Bardos in Gebrauch zu nehmen. Er wird als Körper beschrieben, der in allen Punkten dem physischen gleicht, denn er ist auch mit Organen versehen. Dabei unterliegt er aber keinerlei Beschränkungen. Der mentale Bardokörper stößt nicht auf Widerstand, er »geht durch alles hindurch«, denn er ist immateriell.

Wenn wir an die Vereinigten Staaten denken, sind wir im Geiste dort, aber unser Körper kann ihm nicht folgen. Warum? Weil Körper und Geist in ihrem gegenwärtigen Zustand voneinander abhängig sind. Während des Bardo des Werdens aber begibt sich der mentale Körper unmittelbar dorthin, wohin ihn die Gedanken leiten. Es gibt nur zwei Orte, an die der mentale Körper nicht gelangt: in den Mutterschoß und nach Bodhgaya, jenen Ort, wo der Buddha das Erwachtsein erreichte und der als Achse der Welt betrachtet wird.

Ein Mensch, der sein Leben lang störenden Emotionen wie Leidenschaft, Zorn, Abneigung, Eifersucht und Stolz unterworfen war; ein Mensch, der nicht tugendhaft gehandelt und darum negatives Karma entwickelt hat, der hat es schwer mit dem Sterben. Der Tod selbst ist für ihn ein schwieriger Übergang, und die Phase, die dem Tod folgt, ebenso. Dies ist in gewisser Weise wie bei Menschen, die unter Schlafstörungen leiden, weil ihre Emotionen nicht zur Ruhe kommen. Wir sollten noch darauf hinweisen, daß sich während des Schlafes die gleiche Reihe von Auflösungen von einem Element ins andere vollzieht. Darum ist der Rat, sich in diesem Leben in der Tugend zu üben, rechtes Denken und rechtes Handeln zu entwickeln und zur Gewohnheit werden zu lassen, so kostbar: Die positiven Folgen spürt man im Schlaf und selbst im Tod.

Wenn wir uns auf diese Weise mit dem Prozeß beschäftigen, in dem sich die verschiedenen Elemente ineinander auflösen, wird das unser Leiden lindern. Daß wir uns für den Sterbeprozeß interessieren, über das Thema nachdenken und wissen wollen, wie alles abläuft und wie man reagieren kann, bringt uns dazu, den Tod als solchen zu akzeptieren und uns darüber bewußt zu werden, was uns dabei erwartet.

Powa: Die Übertragung des Bewußtseinsprinzips

Im Buddhismus gibt es eine sehr spezielle geistige Übung, die »Anwendung von Powa« oder die Übertragung des Bewußtseinsprinzips. Im Todesaugenblick entweicht das Bewußtseinsprinzip durch den Scheitelpunkt des Kopfes. Die Kernfrage ist, in welche Richtung es gelenkt werden soll. Wenn man danach strebt, als menschliches Wesen wiedergeboren zu werden, hofft man natürlich, in der Menschenwelt anzukommen. Aber man kann auch andere Richtungen einschlagen, zum Beispiel den Weg in eines der göttlichen Paradiese, so wie es mit Milarepa geschah.

Die Schüler Milarepas fragten ihn am Ende seines Lebens: »Ihr werdet uns bald verlassen, in welche Richtung sollen wir unsere Gebete senden?« Und er antwortete: »Ihr werdet mich in Höhe des Bud-dha-Paradieses finden, das im Osten liegt, sendet also eure Gebete dorthin.«

Ein anderes Beispiel hat Marpa gegeben. Als er 84 Jahre alt war und auf den Tod zuging, zeigte er allen, was im Augenblick des Sterbens zu tun ist. Seine Frau saß an seiner Seite und verwandelte sich in Licht. Dieses Licht blieb in Höhe seines Herzens stehen. »Paßt gut auf, was ihr zu tun habt, wenn ihr später Powa anwenden wollt«, sagte er und lenkte dieses Licht durch den Scheitel nach außen, in Form eines fünffarbigen leuchtenden Punktes. Bevor er starb, wurde Marpa von seinen Schülern gebeten, wieder unter die Menschen zurückzukehren. Worauf er antwortete, er ginge dorthin, wo er am meisten helfen könne.

In dem Maß, wie man mit den Techniken der Übertragung des Bewußtseinsprinzips vertraut ist, kann man sich ihrer bedienen und sie anwenden. Wenn man sie nicht beherrscht, wird man keinen Nutzen daraus ziehen. Das ist in etwa wie beim Computer. Wer sich mit diesem Apparat auskennt und geschickt damit umgehen kann, wird mit seiner Hilfe die unterschiedlichsten Aufgaben lösen können.

Also ist es auch der Mühe wert, zu meditieren und sich in der Anwendung von Powa zu üben. Es ist sehr wichtig, diese geistigen Übungen so korrekt wie möglich auszuführen, um, wie in den Texten beschrieben, den Prozeß zum richtigen Zeitpunkt auslösen zu können. Die Übertragung zum geeigneten Zeitpunkt zu bewirken heißt, daß man sie in dem Moment vollzieht, wo keine andere Methode mehr angewendet werden kann.

Mit anderen Worten, man muß mit Unterscheidungsvermögen vorgehen, denn es gibt auch noch folgende Methode: Man denkt an Yidam Tchen-re-sig (den Buddha des Erbarmens) oder an seinen eigenen Lama und visualisiert sie in Höhe des Herzens. Unser Bewußtseinsprinzip und die Vision Tchen-re-sigs oder unseres eigenen Lehrers werden dann vereint übertragen.

Ohne Anhaftung

Wenn ihr in das Übergangsstadium des Todesaugenblicks eintretet, müßt ihr alle Bindungen und jegliche Form der Leidenschaft aufgeben und völlig ruhig und klar bleiben, wie es in den mündlichen Unterweisungen beschrieben wird. Nur dann könnt ihr euer Bewußtseinsprinzip in die Sphäre, die Raum genannt wird, projizieren.

Im Text ist hier auch die Rede von unserem Verhaftetsein an Gefühle und an den Besitz. Im Augenblick des Todes wird das Verlassen von allem, an dem wir hängen – unser Körper, unsere Besitztümer, all unsere Bekannten und die Menschen, die wir lieben – die größte Schwierigkeit sein.

Und wenn wir in den Texten lesen:»unerschütterlich in der Klarheit der überlieferten Schriften und der mündlichen Unterweisungen bleiben«, so setzt das voraus, daß wir uns zu einem früheren Zeitpunkt durch Hören, Nachdenken und Meditation viel inneres Wissen angeeignet haben und jetzt, wo wir sterben, unsere Aufmerksamkeit also auf das richten können, was wir gelernt haben.

Im Text heißt es dann weiter: »Das ungeborene, gestaltlose Bewußtsein wird in den Raum projiziert.« Dieses Bewußtsein, die Fähigkeit, sich einer Sache bewußt zu sein, selbst des eigenen Geistes sich bewußt zu sein, ist nach buddhistischer Lehre ungeboren, gestaltlos.

Wir sind also frei von diesem Körper, diesem Haufen von Fleisch, Blut und Knochen. Deshalb müssen wir lernen, auch diesen Körper wie eine Illusion, die vergeht, zu betrachten, als etwas Vorübergehendes, ein Kleidungsstück, das wir eines Tages ablegen werden. So lösen wir uns auch von dieser Form des Verhaftetseins.

Wenn ihr mit den geistigen Übungen wohl vertraut und dadurch in der Lage seid, die Zeichen richtig zu deuten, dann werdet ihr auch wissen, in welchem Moment Powa angewandt werden muß. Wenn ihr die Zeichen nicht richtig erkennt, wenn ihr sie falsch interpretiert habt, oder auch, wenn ihr Powa zum falschen Zeitpunkt anwendet, so kommt das einem Selbstmord gleich.

9
Nach dem Tod
und vor der Geburt

Man unterscheidet vier große Bardos oder Zwischenstadien: das Zwischenstadium des Lebens, des Todesaugenblicks, der Höchsten Wirklichkeit und schließlich das Zwischenstadium des Werdens. Die wichtigste Periode ist natürlich der Bardo nach der Geburt. Wenn wir uns als fähig erweisen, in dieser Zeit die rechte Praxis zu entwickeln, müssen wir die anderen Bardos nicht durchlaufen. Wenn das nicht der Fall ist, können wir uns noch im Augenblick des Todes befreien. Wenn auch das in diesem Moment nicht gelingt, können wir es während des Zwischenstadiums des Klaren Lichts versuchen und so fort. Wir können jedes dieser Zwischenstadien entsprechend nutzen, wenn das vorangegangene nicht zum gewünschten Ergebnis geführt hat.

Im Bardo der Höchsten Wirklichkeit ruhen wir im Zustand der Klarheit. Jemand, der dazu nicht fähig ist, fällt in Bewußtlosigkeit und gleitet in die folgende Phase, den Bardo des Werdens. Selbst wenn der Tod sein Werk vollendet hat, ist man sich nicht immer bewußt, daß man gestorben ist. Es gleicht ein wenig dem Traum: Wenn man einschläft und träumt, erkennt man nicht unbedingt, daß man sich in einem Traum befindet, daß man also in einem anderen Zustand angekommen ist.

Die grundlegenden Tendenzen, die im vorangegangenen Leben entwickelt wurden, können dazu führen, daß man das Klare Licht passiert, ohne es zu erkennen. Man stellt sich vor, daß man immer im Besitz eines Körpers mit all seinen Organen und Sinnen ist. Nachdem man in einen Zustand der Bewußtlosigkeit gefallen ist, gewinnt das Nichtwissen von neuem die Oberhand. Dieses Nichtwissen ist die Grundlage aller störenden Emotionen wie Zuneigung, Abneigung und so fort. In diesem Moment hat der Verstorbene kein Bedürfnis mehr nach Nahrung. Der Duft allein genügt ihm. Er kann auch die Gedanken der anderen sehen und sie verstehen. Alle möglichen Anzeichen einer gewissen Hellsichtigkeit stellen sich ein. Wenn deutlich formulierte Gedanken auftauchen, ist der Verstorbene unmittelbar mit dem Ort konfrontiert, zu dem ihn diese Gedanken lenken. Man stellt auch fest, daß es viele Wesen im Bardo gibt, und nimmt wahr, was alle diese Wesen im Bardo durchleben.

Wenn jemand gestorben ist und die Hinterbliebenen beispielsweise die Schale füllen, die er immer benutzte, hat das seinen Sinn. Wenn man ihm Nahrung anbietet, indem man sie verbrennt, und beim Aufsteigen des Rauches wünscht, daß der Verstorbene diese Nahrung empfangen möge, hat auch das seinen Sinn. Nicht so sehr die Handlung selbst, sondern der Wunsch und die Motivation, die ihr zugrunde liegen, sind für den Toten von großer Bedeutung.

Wer sich im Bardo befindet, kann wahrnehmen, daß die Hinterbliebenen traurig sind und weinen. Wenn er sich dann zeigen will, weil er sich nicht darüber im klaren ist, daß er tot ist, gelingt ihm das natürlich nicht. Es gibt also Leiden auf beiden Seiten. Es ist gut, wenn man das begreift. Wir werden dann vielleicht anders reagieren. Wenn der Dahingegangene sieht, daß die Gegenstände, die er immer gern benutzt hat, in die Ecke geworfen oder beliebig weggegeben werden, kann ihm das Kummer und Schmerz zufügen, um so mehr, wenn er sehr daran hing. Es ist gut, auch das zu wissen.

Da der Verstorbene ein geistiges Leben führt, kann er im Bardo an einem ganz bestimmten Ort verweilen. Die äußere Erscheinung des Ortes, an dem er sich befindet, kann sich dabei immerzu verändern: Es kann ein leeres Haus oder eine Grotte sein, oder er hält sich – um einen Hinweis aus den Dharmaschriften zu benutzen – in einem Chorten (Stupa) auf oder an einem Ort, wo er sich ausruhen kann. Das erinnert etwas an diese Rastplätze entlang der Autobahn, wo die Autos halten, damit die Leute Gelegenheit haben, sich zu entspannen und für einen kurzen Moment allein zu sein.

Die Eindrücke, die der Verstorbene empfängt, sind auch von ganz anderer Art: Wenn ein lebender Mensch eine Handlung ausführt, läuft alles deutlich begrenzt ab; wenn dagegen ein Verstorbener etwas tut, scheint es, daß alle seine Handlungen sich überlagern.

Alles wird von den Wesen jeweils sehr unterschiedlich erlebt. Dieselbe Speise wird von den verschiedenen Wesen verschieden gesehen: Wenn wir etwas zu uns nehmen, erscheint es uns in bestimmter Form; wenn Tiere die Speise wahrnehmen, sehen sie etwas völlig anderes. Wenn die Wesen der Hölle dieselbe Speise sehen, wird sie ihnen wiederum ganz anders erscheinen. Das gilt auch für den Bardo des Todes. Alles verlagert sich und verfließt. Die Gesellschaft, in der der Tote sich befindet, wechselt unaufhörlich. Immerzu kommen und gehen Wesen. Alle Gedanken und Erlebnisse von Glück und Leid vermischen sich zu einem Durcheinander.

Neunundvierzig Tage lang durchlaufen wir diese Zeit des Werdens und machen nacheinander alle möglichen Erfahrungen durch. Und dann, in einem bestimmtem Augenblick, verstehen wir, daß wir tot sind. Die erste Hälfte dieser Zeit von neunundvierzig Tagen wird von den grundlegenden Bestrebungen des vergangenen Lebens beeinflußt. In der Mitte dieses Zeitraums wird man plötzlich gewahr, daß man tot ist. Das Ende dieser Periode ist mit Vorbereitungen verbunden, mit Gedanken, die sich darauf richten, was kommen soll.

Was dann geschieht, wird in den buddhistischen Schriften so beschrieben: Der Geist ist seinem Wesen nach Klarheit und Leere. Während des Bardo des Werdens treten aus dieser Klarheit zornige Götter hervor und aus der Leere friedliche Götter. Es gibt auch an die hundert Gottheiten (oder »Aspekte«, wie man sie nennt), die in unserem Körper anwesend sind. Da wir nun keinen Körper mehr haben, manifestieren sich die verschiedenen Aspekte in sichtbarer Form für den Geist. Sie sind einzig da, um uns zu helfen. Oft erkennt man sie nicht und läßt sich von Angstgefühlen mitreißen. Die traditionellen Schriften benutzen das Bild des Krieges. In Kriegszeiten ist es manchmal schwer, Freund und Feind zu unterscheiden, weil man die Rolle, die jeder spielt, nicht genau kennt. Darum muß man diese Erscheinungen unbedingt als das erkennen, was sie sind. Und deshalb kann es auch sinnvoll sein, sich schon jetzt mit all diesen zürnenden und friedlichen Aspekten zu beschäftigen, über sie nachzudenken und zu lernen, sie zu erkennen. Wenn man einmal einer Aufführung von Bardotänzen beiwohnt, kann das dazu beitragen, daß man später im Bardo des Werdens diese Aspekte leichter erkennt.

Dies ist natürlich eine buddhistische Auslegung. Man kann die Frage stellen, ob das Beschriebene für alle gilt. Die Antwort auf diese Frage könnte eine andere Frage sein: »Wer weiß?« Ihr könntet euch vorstellen, daß ein Christ im Bardo des Werdens vielleicht Christus oder die Jungfrau Maria sehen wird. Aber die Aufgabe bleibt die gleiche: Was auch geschieht, das wichtigste in diesem Moment ist, das, was erscheint, als das zu erkennen, was es ist. Wenn man aufgrund von Nichtwissen fassungslos ist, gewinnt die Angst die Oberhand.

Letztendlich ist man in diesem Zeitraum großenteils von dem Karma abhängig, das man angesammelt hat. Nach einem tugendhaften Leben wird man nicht so leicht eine Beute der Angst sein. Wenn man dagegen stets ärgerlich, stolz und eifersüchtig reagiert hat oder, schlimmer noch, wenn man getötet hat, dann werden die Erscheinungen, die aufsteigen, dem Verhalten, das wir entwickelt haben, entsprechen. Aus diesem negativen emotionalen Untergrund wachsen die Erscheinungen des Bardo, die uns unweigerlich Angst einflößen, heraus. Im Grunde geschieht das schon zu unseren Lebzeiten. Wenn jemand einer Person mit Aggressivität begegnet, wird jeder fürchten, daß diese Person auf gleiche Weise reagiert. Das ist es, was im Bardo geschieht. Während all dieser Wochen im Bardo wechselt die Situation von Tag zu Tag, und diese beständige Veränderung schafft Beängstigung und Leiden.

Aus diesem Grunde halten Buddhisten während der neunundvierzig Tage des Bardo des Werdens jeden Tag Rituale, Fürbitten und Meditationen zugunsten des Verstorbenen ab. Sie beginnen mit dem Ableben und werden dann alle sieben Tage wiederholt.

Die Wiedergeburt ist die Folge des Karmas, das man angesammelt hat. Während des Bardo des Werdens steigen alle möglichen weißen, roten, gelben, grünen oder blauen Lichterscheinungen empor, je nachdem, ob die grundlegenden Tendenzen der Zuneigung, der Abneigung, des Zorns, der Eifersucht oder der Geistesverdunkelung vorherrschen. Man folgt diesen Lichterscheinungen. Seinem Karma gemäß wird man eine der Farben anziehender als die anderen finden.

Wenn ihr zum Beispiel als Tier wiedergeboren werden sollt, dann erscheint euch eine grüne Lichterscheinung als angenehm, weil die andersfarbigen Lichterbündel zu grell strahlen.

Das grüne Licht erscheint viel sanfter, und ihr habt dann die Neigung, euch in diese Richtung zu bewegen und könnt zum Beispiel das Gefühl haben, durch Gras zu gleiten.

Das erinnert mich an die Geschichte von Drugpa Künleg. Zu einem bestimmten Zeitpunkt sah er, wie im Bardo des Werdens ein Mönch ankam, der während seines Lebens immer gern debattiert und sich mit Logik befaßt hatte. Dieser Mönch war offensichtlich dabei, den Weg zu nehmen, als Esel wiedergeboren zu werden. Drugpa versuchte also, ihm das bewußt zu machen und ihm zu erklären, daß er nicht diese Richtung einschlagen sollte. Der Mönch aber war durch seine endlosen Debatten zu Lebzeiten so geprägt, daß er dachte, er müsse als Antwort zu debattieren anfangen, wobei er unter anderem die Theorie vertrat: »Ja, aber wenn alle Erscheinungsformen rein sind, dann habe ich absolut nichts zu befürchten«, und dachte, er könne sich so aus der Affäre ziehen …

Das Bewußtseinsprinzip entwickelt sich also in die eine oder andere Richtung. Und erst im Moment der Geburt selbst, zum Beispiel als menschliches Wesen, wird man sich der Tatsache bewußt, daß man wirklich ein Mensch ist.

10 Was es zu tun gilt

Wie handelt man am besten, wenn jemand stirbt? Das wichtigste ist, immer sehr aufmerksam auf die Gedanken zu achten, die einem selbst kommen. Bemüht euch, wütende, eifersüchtige oder sehr affektbeladene Gedanken zu vermeiden. Ihr müßt vor allem darauf achtgeben, was in diesem Moment in eurem eigenen Geist geschieht. Sorgt auch dafür, daß Freunde und Verwandte um den Sterbenden sind, damit er nicht das Eindruck hat, allein zu sein, sondern das Gefühl, daß alle an seiner Erfahrung des Dahinscheidens teilnehmen. Vermeidet ein Verhalten, das mit Abwehr gegen den Tod zu tun hat, und zeigt auch euren Kummer nicht. Und warum? Weil man im allgemeinen dazu rät, unter diesen Umständen keine Emotionen zu wecken. Es geht hier nicht nur um Gefühle der Wut oder ähnliche Empfindungen, wir denken auch an Menschen, die zu weinen anfangen oder sich ihrem Schmerz hingeben.

Es könnte überflüssig erscheinen, unser Nach-denken über die Geburt, die Vergänglichkeit und den Tod auf diese Weise zu vertiefen: Ist es nicht viel leichter, ein paar Worte dazu zu sagen, sich dann ganz unbeschwert zu geben, die Seiten dieses Buches durchzublättern und danach zu seinen Alltagsbeschäftigungen zurückzukehren, ohne aber sich weiter darum zu kümmern? Schließlich sind diese Fragen nicht sehr erquicklich, oder? In Wahrheit ist es aber sehr wichtig, sich damit zu beschäftigen und darüber nachzudenken. Nicht daß man schwarzsehen oder triste Gedanken über die Tatsache, daß alles unbeständig ist, nähren sollte. Das ist ganz sicher nicht der Zweck. Es geht vor allem darum, daß man lernt, die Dinge zu sehen, wie sie sind. Mir fällt hier die Geschichte einer verzweifelten Frau ein, die mit dem Körper ihres toten Kindes im Arm den Buddha aufsuchte und ihn anflehte, etwas zu tun. Der Buddha versprach, ihr zu helfen und ihren Kummer zu lindern, unter der Bedingung, daß sie ihm eine Handvoll Reis aus einem Hause brächte, wo noch nie jemand gestorben war. Während ihrer Suche verstand die Frau und nahm alles hin.

Wir können über vier Formen der Vergänglichkeit meditieren:

1. Was man spart, wird ausgegeben.
2. Was man baut, wird zerfallen.
3. Was vereint ist, wird getrennt.
4. Was geboren ist, wird sterben.

Es ist wichtig, immer daran zu denken, daß man das, was man besitzt, verlieren kann. Das ist eine eher schmerzliche Erfahrung. Wenn man Geld verdient, weiß man, daß man sorgsam damit umgehen muß. Ihr könntet es sehr leichtsinnig ausgeben und das dann zu spät bemerken. Alle diese Betrachtungen sollen dazu dienen, uns zu helfen und eine gute Haltung dem Leben gegenüber zu entwickeln. Jemand, der die Dinge in rechter Weise plant und richtig handelt, der genießt Achtung.

Alles, was erspart ist, wird ausgegeben: Das heißt natürlich nicht, daß ihr alles so schnell wie möglich ausgeben sollt. Das gleiche gilt für das, was gebaut ist und schließlich zerfällt und verschwindet. Es enthebt uns nicht der Tatsache, daß wir in der Zwischenzeit auf das, was wir bauen, die allergrößte Sorgfalt verwenden müssen.

Was vereint ist, wird getrennt werden: Wenn Eltern, Kinder oder Freunde beisammen sind, sollten sie sich bemühen, den größten Nutzen daraus zu ziehen, im Bewußtsein, daß früher oder später die Trennung kommt.

Alles, was geboren ist, wird sterben: Auch hier sollten wir bestrebt sein, dieses Leben so gut wie möglich zu erhalten, indem wir viel Sorgfalt auf unseren Körper und auf unsere geistige Gesundheit verwenden, ohne dabei den Tod zu vergessen, der uns erwartet.

Es ist also klar, daß diese Betrachtungen nicht darauf zielen, den Schwerpunkt auf unser letztendliches Schicksal zu legen, mit dem Risiko, daß wir uns davon lähmen lassen. Da alles, was gebaut wird, früher oder später zerfällt, könnten einige sich zu dem Gedanken verführen lassen, daß es sinnlos sei, sich beim Bauen Mühe zu geben. Oder daß man sich schnellstens trennen sollte, weil alles, was vereint ist, letztendlich in alle Winde zerstreut wird. Oder daß das Leben nicht so viel Bedeutung hat, weil dahinter der Tod steht. Das wären ganz offensichtlich Trugschlüsse.

Jeder weiß, daß alles, was geboren ist, sterben wird. Nicht alle wissen, daß das, was tot ist, von neuem geboren wird. Alles, was zu diesem Thema gesagt ist, stellt einen Bestandteil der Lehren des Buddha dar. Im allgemeinen stimmen alle Buddhisten mit der Idee von früheren und späteren Leben überein, das nennt man die Seelenwanderung. Der Buddha hat viele Unterweisungen zu diesem Thema gegeben, und die tibetischen religiösen Schriften behandeln es auf spezifische Weise.[8]

Was nun den Text über den Bardo betrifft, so muß man sechshundert Jahre zurückgehen, bis zu einem gewissen Lama Karma Lingpa. Dieser war verheiratet, hatte ein Kind, und wie alle Eltern liebte er es sehr. Ach, und eines Tages verlor er sein geliebtes Kind. Er trug es zu seiner Grabstätte. Er kehrte heim, um auch seine Frau tot vorzufinden. Zum zweiten Mal war das Unglück über den Lama hereingebrochen. Das brachte ihn dazu, Fragen wie diese zu stellen: »Was geschieht mit dem Bewußtsein von Verstorbenen?« Er hat viel meditiert und gearbeitet, um die Lehren des Bardo schriftlich niederzulegen, so, wie sie im Tibetischen Totenbuch überliefert sind. Wenn wir über die Texte dieses Buches meditieren und sie unserem Geist einprägen, werden wir, wenn der Moment gekommen ist, besser erkennen, was geschieht. Wir können die Texte auch für andere rezitieren, vor allem im Augenblick ihres Todes. Wenn man das tut, bereitet man sich selbst vor, und alles kann zur Klarheit führen.

Manche sagen: » Ja, Geburt und Tod, das sind Tatsachen. Man kann da nichts machen. Aber über das, was danach kommt, kann man nichts sagen. Und damit Schluß!« Solche Menschen könnten aus der Lektüre dieser Texte Nutzen ziehen, weil sie dort viel Brauchbares fänden, um das Leben zu verstehen, das sie gerade führen.

Manchmal wird auch versichert: »Ich glaube nicht an frühere Leben, das bedeutet für mich absolut nichts.« Wenn jemand, der so denkt, stirbt, wird er wiedergeboren und hält an dieser Meinung fest. Er verbleibt in einem unendlichen Zyklus von Tod und Wiedergeburt und beharrt dabei auf seiner Position ...

Andere behaupten auch: »Wenn man stirbt, gibt es keine Probleme mehr. Alles ist dann zu Ende.« Zweifellos denken sie nicht daran, daß man viele Male geboren wird und stirbt. Es ist wie beim Traum, aus dem man morgens erwacht. Wenn ihr euch zum Beispiel den ganzen Tag herumgeärgert und störende Emotionen in euch geweckt habt, ist euer Geist extrem ruhelos und wird die allergrößte Mühe haben, in den Schlaf zu finden, selbst wenn ihr in einem wunderschönen Haus wohnt, die allerschönsten Gewänder tragt, auf der allerbesten Matratze und in Seidenlaken liegt. Euer Problem bleibt das gleiche: Ihr könnt nicht einschlafen. Und wenn es jemand endlich geschafft hat, einzuschlafen, wird er Alpträume haben. Die Schwierigkeiten werden in die Träume übertragen. Mehr noch, die Probleme, die am Vortag nicht gelöst wurden, sind beim Erwachen aufs neue präsent. Genau so setzt sich nach dem Tod im folgenden Leben alles fort.

Probleme müssen tatsächlich gelöst und nicht beiseite geschoben oder geleugnet werden. Es gibt Menschen, die bei dem Gedanken, geboren zu werden, zu sterben, wiedergeboren zu werden und wiederum zu sterben, schrecklich beunruhigt sind. »Welch ein Stumpfsinn«, beklagen sie sich. Und warum? Warum findet man das ermüdend? Weil man an Problemen leidet. Wenn das Leben harmonisch verläuft, stoßen wir nicht auf Hindernisse. Man findet das Leben erfreulich. Sowie die Dinge kompliziert werden, erscheinen die Probleme, die auf unserer Existenz lasten.

Die Schlußfolgerung ist: Wenn eure Probleme gelöst sind, heißt das noch nicht, daß es keine Wiedergeburt mehr geben wird. Wohl aber, daß alles ohne Störung verläuft, wie es bei den erwachten Wesen geschieht.

Wir wollen es dabei bewenden lassen. Das Thema, das ich erörtert habe, ist vielleicht nicht das angenehmste. Ich habe es nicht behandelt, um euch mit zusätzlichen Schwierigkeiten zu konfrontieren, sondern, im Gegenteil, aus dem Wunsch heraus, euch zu helfen.

11 Fragen und Antworten

Frage: Bedeutet den »Traum zu erkennen«, daß man während des Traumes weiß, daß es sich um einen Traum handelt? Oder daß man während des Traumes seine Bedeutung begreift? Oder aber beides?

Antwort: Den Traum zu erkennen bedeutet, daß man sich im Moment des Traumes der Tatsache bewußt ist, daß es sich nur um einen Traum handelt. Daß man sich sagt: »Jetzt bin ich in einer Traumwelt angelangt. Es ist die Leere, die sich in dieser Form manifestiert. Alles ist in dieser Traumwelt möglich.« Ihr könnt euch in einem Traum befinden und euch von der Illusion des Traumes mitreißen lassen. Das kann übrigens eine Illusion zweiten Grades sein, wenn man im Traum in einen anderen Traum gerät. Die Kraft der Illusion kann sehr weit reichen.

Frage: Wenn wir in einem Traum Vorzeichen erkennen, die auf das Ende unseres Lebens deuten, wie zum Beispiel, daß wir eine Hochebene erreichen, können wir darin nicht auch ein positives Zeichen sehen, statt es negativ zu deuten?

Antwort: Das kommt darauf an, denn es gibt wirklich wenige Menschen, die das Leben gern lassen. Wenn das jetzt trotzdem der Fall sein sollte, dann werden die Vorzeichen positiv interpretiert. Für Menschen, die noch nicht aus dem Leben scheiden wollen, sind die Zeichen eher negativ.

Alter und Tod beginnen zwar mit der Geburt, aber es gibt kein Mittel, um ganz deutlich den Punkt zu bestimmen, wo das Ende beginnt. Weil die Menschen im allgemeinen gerne leben, bleibt in jedem Fall eine Unsicherheit, was den genauen Zeitpunkt angeht, an dem man sterben wird, selbst wenn sich die Zeichen des Alters mehren oder schon der Tod naht, und das ist schwer zu akzeptieren.

In den Schriften wird langes Leben als Segen und Wohltat betrachtet. Jeder Tag mehr gibt die Möglichkeit, gute Taten für die anderen und für sich zu vollbringen. Das ist ein Grund, sich zu freuen. Aber sterben heißt nicht, daß alles zu Ende ist und nichts mehr geschieht. Das sollte man nicht vergessen.

Frage: Muß man nicht, um den Traum zu erkennen, zuvor eine sehr subtile und klare Meditationsstufe erreichen?

Antwort: Man kann einen Traum auf der Grundlage der Klarheit erkennen, die sich während der Meditation einstellt. Die Meditation dient jedoch vor allem dazu, uns von einer fundamentalen Neigung zu befreien, die darin besteht, daß wir die Dinge als real und feststehend betrachten. Sie führt dazu, daß eine Art von Gewohnheit entsteht, die es uns ermöglicht, während des Traumes zu wissen, welche Kraft die Illusion hat. Wenn gewisse Formen auftauchen, wird man dann nicht vergessen, daß das letzten Endes nur Erscheinungen sind und nichts anderes. Diese Geisteshaltung kann man durch Meditieren erlangen.

Wenn wir zum Beispiel ständig an jemanden denken und in Gedanken oft seinen Namen nennen, wird sich dieser Name unserem Geist einprägen, und wir vergessen diese Person nicht so leicht. Dasselbe geschieht, wenn wir uns immer daran erinnern, daß die Dinge wie ein Traum sind. Diese Einstellung wird sich schließlich sehr tief in unserem Geist verankern, und so reagieren wir am Ende spontan. Wir können jemandes Namen unserem Geist sogar so sehr eingeprägt haben, daß er uns irrtümlich über die Lippen kommt, wenn man von jemand anderem spricht.

Frage: Der Begriff des Mitgefühls ist für mich sehr schwierig. Könnten Sie ihn mir durch ein Beispiel erklären? Ich fühle, ehrlich gesagt, eine Spannung zwischen Schwachsein und Starksein, zwischen Einverständnis und Widerstand.

Antwort: In den Dharma-Schriften ist die Definition des Mitgefühls folgende: Wenn man jemanden leiden sieht und den Wunsch verspürt, daran mitzuwirken, daß die Ursache dieses Leidens verschwindet, empfindet man Mitgefühl. Die Liebe wird beschrieben als Ausdruck des Wunsches, daß die anderen glücklich sein und auch die Ursachen des Glücks erkennen mögen.

Ihr könnt in diesen Momenten den Wunsch zum Ausdruck bringen, daß alle Lebewesen glücklich sein mögen, die Ursachen des Glücks erkennen, vom Leiden befreit sein und fähig sein mögen, die Ursachen des Leidens zu vermeiden. Dadurch könnt ihr in allen Lebenssituationen so positiv eingestellt sein wie möglich und auf diese Weise immer das richtige tun, um anderen zu helfen.

Frage: Wäre es eine gute Idee, jemandem das Tibetische Totenbuch zu schenken, zu seinem Geburtstag zum Beispiel?

Antwort: Den Wunsch zu haben, etwas zu verschenken, und es dann auch zu tun, ist natürlich eine gute Idee, eine tugendhafte Handlung, denn das bringt den anderen Glück. Aber wie bei allen tugendhaften Handlungen ist die Motivation wichtig, die dem zugrunde liegt … Außerdem müssen wir immer unseren gesunden Menschenverstand benutzen und uns fragen, wie bei diesem Beispiel, ob es nicht etwas seltsam wirkt, dieses Buch in einem solchen Moment zu überreichen. Vielleicht gibt es auch noch andere kleine Geschenke, die der Betreffende gern entgegennimmt. Außerdem erfordert dieses Buch auch ein paar Worte der Erklärung.

Frage: Wie soll man die Periode des Bardo der meditativen Versenkung auffassen? Ist sie nur an den Moment gebunden, wo wir eine besondere Haltung annehmen, um uns in Meditation zu versenken, oder können wir auch andere Aktivitäten, wie Spazierengehen und Abwaschen, Momente, die man als meditativ erlebt, als Zwischenstadium der meditativen Versenkung auffassen?

Antwort: Ein Zwischenstadium beginnt von dem Moment an, wo ein besonderer Gedanke, der damit zu tun hat, auftaucht. Und das passiert beim Zwischenstadium der meditativen Versenkung von dem Augenblick an, wo man die Meditationshaltung einnimmt und versucht, den Geist zur Ruhe zu bringen. Aber auch mit Beginn eines Zeitraums, wo man nicht mehr durch irgendeine störende Emotion abgelenkt ist. Die Beispiele vom Spazierengehen und Abwaschen oder auch andere kommen tatsächlich ebenfalls in Betracht. Diese Periode dauert bis zu dem Moment, wo Anzeichen auftreten, die auf das Ende hinweisen. Sie muß nicht unbedingt von langer Dauer sein; es kann unter Umständen ein sehr kurzer Augenblick sein.

Frage: Der Buddha hat uns Unterweisungen über die Leere gegeben, die Unterweisungen über die Vier Edlen Wahrheiten kommen aber zuerst. Inwieweit müssen wir uns mit den Unterweisungen über die Wahrheiten beschäftigen, bevor wir uns denen über die Leere zuwenden?

Antwort: Bei den Vier Edlen Wahrheiten findet man zwei Gruppen von je zwei Wahrheiten, die miteinander verbunden sind wie Wirkung und Ursache. Ihr habt die Wahrheit des Leidens und die Ursache des Leidens; ihr habt die Wahrheit von der Aufhebung des Leidens und die vom Weg, der dahin führt. Man betrachtet als erstes immer die Wirkung und dann die Ursache.

Wenn man die beiden ersten Wahrheiten betrachtet, die des Leidens und die seiner Ursache, stößt man auf den Wunsch, die Ursachen allen Leidens aufzuheben. In dem Maß, wie man nicht nur die Ursachen der Leiden zurückdrängt, sondern darüber hinaus auch tugendhafte Handlungen vollzieht, nähert man sich der wahren Natur der Dinge und der Erfahrung der Leere, dem fruchtbaren Boden, aus dem alles entsteht. Es handelt sich indes nicht um ein klar im voraus festgelegtes kleines Programm, nach dem man vorgeht und sagt: zuerst soviel davon und dann soviel davon. Es ist eine fortschreitende Entwicklung, in deren Verlauf die eine intensive Praxis, das heißt systematische Beseitigung der Ursachen des Leidens und Vollzug tugendhafter Handlungen, uns dazu bringt, die andere Praxis zu realisieren, das heißt die Möglichkeit, die Leere zu erkennen. Und diese Entwicklung vollzieht sich in einem Rhythmus und einer Tiefe, die für jeden verschieden sind.

Es gibt auch Menschen, die mit dem Wort »Leere« nichts anzufangen wissen, die es nicht verstehen und schon, wenn sie das Wort hören, unruhig werden. Solche Personen sollten sich am besten auf die Vier Edlen Wahrheiten und auf die damit verbundenen Übungen konzentrieren. Denn sie erreichen so zu einem bestimmtem Moment das Niveau des Siegers über den Feind, das Stadium des Arhat. Von da aus kann sich eine neue Gelegenheit ergeben, den Begriff der »Leere« zu erforschen, und es wird ihnen vielleicht etwas leichter vorkommen, ihn zu entschlüsseln.

Frage: Wie sollen wir die Realität auffassen?

Antwort: Von der Realität kann man sagen, daß es *unsere* Realität ist, aber nicht eine Realität, die aus sich heraus existiert. Das heißt nicht, daß die Realität, die wir erfahren, nicht existieren würde, sondern daß wir die Tendenz haben, die Wirklichkeit, so wie wir sie sehen, für real zu halten.

Die Dinge haben einen nominellen Wert: Sie sind wirklich in dem Maße, wie ein bestimmtes Wort gebraucht wird, um sie zu bezeichnen. Der Irrtum liegt darin, daß man auf die Realität einer Sache schließt, weil sie auf bestimmte Weise benannt ist, obwohl sich die Phänomene nur infolge einer Reihe von Ursachen und Bedingungen manifestieren. Wir neigen dazu, diese Konvergenz von Ursachen und Bedingungen nicht zu sehen und die Dinge als statisches Ganzes, das aus sich heraus existiert, wahrzunehmen. Und da liegt das Mißverständnis.

Nicht, daß diese sogenannte Realität nicht existieren würde, aber die Realität, wie wir sie empfinden und erfahren und wie sie unserem Geist erscheint, ist nicht die letzte Wahrheit über das, was wahrgenommen wird. Darum werden Realität und Leere als Ganzes betrachtet. Wenn wir reden, benutzen wir natürlich Worte, Bezeichnungen. Um diese Bezeichnungen nicht mißzuverstehen, muß man natürlich wissen, was darunter verstanden wird: Das, was wir gewöhnlich die »Realität« nennen, kann die Erscheinungsform oder die Leere des Phänomens sein, je nachdem, ob man von der relativen oder der letzten Realität spricht.

Wenn hinten im Saal zwei Personen über das sprechen würden, was auf meinem Tisch ist, könnte es sein, daß die eine erklärt:» Ah, man hat dort eine ganz besondere Blume hingestellt«, während die andere sagen würde:»Ah, man hat dort ein Mikrophon angebracht.« Und wenn die beiden näher kommen würden, müßte die erste zugeben, daß sie sich geirrt hat. Sie würde merken, daß sie durch eine falsche Vorstellung in die Irre geführt wurde. Die andere würde denken, sie habe recht gehabt, bis zu dem Moment, wo wir uns auf die Suche nach dem Mikrophon machen würden ... ohne es zu finden. Wir können auf den Fuß des Mikrophons oder die verschiedenen Teile hinweisen. Letztendlich kommt man nach einer tiefergehenden Untersuchung zu dem Schluß, daß nirgendwo etwas existiert, das ein Mikrophon ist: Es gibt wohl eine Konvergenz von Bedingungen und Erfahrungen, von Ursachen und Folgen, von Elementen, die zusammengefügt sind und die uns vorläufig in die Lage versetzen, von einem Mikrophon zu sprechen, aber mehr nicht. Alles ist eigentlich ein Zusammentreffen von Umständen, ein Netz von Wechselbeziehungen. Folglich müßte auch die zweite Person zugeben, daß sich die Realität des

Mikrophons in Wirklichkeit sehr von dem unterscheidet, was sie darüber gedacht hat. Darum geht es: Die Dinge manifestieren sich, aber ihrem Wesen nach sind sie Leere.

Frage: Kann man Powa ausüben, wenn man sich in Not befindet?

Antwort: Wenn man es tut, um Problemen aus dem Weg zu gehen, hat man im Prinzip nicht das Recht dazu. Natürlich gibt es Probleme verschiedener Rangordnung. Als die Chinesen in Tibet einfielen und einige Lamas schwer mißhandelt oder bedroht wurden, haben einige unter ihnen am Vorabend ihrer Hinrichtung Powa an sich selbst angewendet. Das sollte jeder für sich selbst entscheiden. Wenn ihr wißt, daß ihr am nächsten Morgen ermordet werdet, ist es verständlich, wenn ihr diese Entscheidung trefft.

Aber wenn ihr ein kleines Problem habt und sofort denkt:»Ich mache Schluß«, ist das etwas anderes. Jemand, der Powa beherrscht, würde es nicht tun. Im übrigen könnt ihr endlos Gründe finden, Powa zu üben.

Frage: Das, was Sie beschreiben, betrifft den natürlichen Tod, wie ich es verstanden habe. Was passiert bei einem plötzlichen Tod, und inwieweit kann das

Durcheinander, das solch ein jäher Tod verursacht, nachteilig für den Sterbenden sein?

Antwort: Ob der Sterbeprozeß langsam verläuft, auf natürliche Weise, oder abrubt, macht wenig Unterschied. Die Ereignisse, die beschrieben wurden, werden in der gleichen Reihenfolge durchlebt. Wenn wir von Erscheinungen sprechen, die dem Mondlicht oder dem Sonnenlicht gleichen, benutzen wir eigentlich viele Worte, um etwas lang und breit zu beschreiben, was sich blitzschnell ereignet. Darum ist es wichtig, diesen Unterweisungen aufmerksam zuzuhören und sie sich einzuprägen. Sie ähneln ein bißchen Filmbildern in Zeitlupe: Sie zeigen genau, wie alles ineinandergreift.

Frage: Wenn wir in die Situation kommen, einen Sterbenden zu begleiten, ohne daß wir ihn vorher gekannt haben, was können wir dann tun, wenn uns nur noch wenige Minuten bleiben, um etwas anzubieten?

Antwort: Die Wünsche, die man in diesem Augenblick ausspricht, können großen Einfluß haben. Ihr könnt das, was ihr am tiefsten für ihn wünscht, zum Ausdruck bringen und dem Sterbenden raten, was gut für ihn ist. Überlegt jedoch gründlich, seid behutsam und habt Mitgefühl. Es ist ja klar, daß derjenige, der sich bei einem Sterbenden befindet, in diesem Moment das reinste Mitgefühl empfindet. Normalerweise bleibt in einem solchen Augenblick keine Spur von Leidenschaft oder Eifersucht übrig. Bringt den Wunsch zum Ausdruck, daß sich für ihn oder sie alles auf vollkommene Weise vollziehen möge.

Frage: Bringt man diesen Wunsch für den Sterbenden oder auch für sich selbst zum Ausdruck?

Antwort: Ihr solltet in diesem Augenblick nicht so sehr auf euch achten, sondern eher auf den Sterbenden. Wenn ihr dieses reine Mitgefühl empfindet und zum Beispiel die Hand des Sterbenden nehmt oder seinen Arm leicht berührt, wird diese spürbare Güte sehr tief dringen. Wenn ihr wütend werdet und jemanden berührt, übermittelt ihr ihm auch etwas, aber das ist ein völlig anderes Gefühl!

Frage: In welchem Moment soll man das Bewußtseinsprinzip eigentlich projizieren, wenn man Powa ausübt?

Antwort: Genau in dem Moment, wo sich der weiße Lichtpunkt und der rote Lichtpunkt in Höhe des Herzens treffen.

Frage: Geht es bei der Ausübung von Powa nicht um Selbstmord?

Antwort: Nein. Selbstmord geschieht, wenn ihr das Leben im Körper selbst tötet. Auf der Ebene des Bewußtseinsprinzips kann es keinen Selbstmord geben, denn der Geist stirbt ja nicht. Aber unmittelbar nach dieser Projizierung muß man den Weg finden, muß man wissen, wohin man geht. Milarepa hat seinen Schülern, bevor er starb, erzählt, in welchem Paradies der erwachten Wesen er sich anschließend befinden würde! Und die Schüler konnten dann ihre Wunschgebete in diese Richtung senden.

Frage: Wenn man einen Sterbenden gut kennt und viel Zeit hat, ist es dann besser, den Schwerpunkt auf die vorhandene enge Beziehung zu legen und sich um alles zu kümmern, was der Sterbende wünscht? Oder aber ist es besser, gelegentlich vom Buddhismus zu sprechen und selbst etwas in dieser Richtung zu praktizieren, auf die Gefahr hin, daß derjenige beunruhigt wird und eventuell sogar ablehnend reagiert?

Antwort: Unter diesen Umständen tut man sicherlich gut daran, das Gewicht auf die enge Beziehung zu legen und auf die Wünsche des Sterbenden einzugehen. Innerlich kann man ja tun, was man selbst wichtig findet.

Frage: Ist sich ein Bodhisattva immer dessen bewußt, daß er Handlungen vollzieht, die einem Bodhisattva entsprechen, oder nicht?

Antwort: Bei den großen Bodhisattvas ist dieses Bewußtsein während aller Handlungen gegenwärtig. Die kleinen Bodhisattvas, so wie wir, haben, wenn sie Bodhicitta (den Geist des Erwachens) entwickeln, ebenfalls den Wunsch, immer zu helfen. Dieses Gefühl ist da, aber es kommt weniger stark zum Ausdruck. Das soll uns nicht daran hindern, dieser Neigung zu folgen und den Wunsch zu äußern: »Möge ich dort geboren werden, wo ich möglichst vielen Lebewesen helfen kann.«

Frage: Manche Menschen haben schon eine Nahtoderfahrung gemacht. Sie bewegten sich durch einen Tunnel, einem Licht entgegen, hörten, daß ihr Augenblick noch nicht gekommen sei, und sind dann wieder ins Leben zurückgekehrt.

Antwort: Wir können das sicherlich als Aufenthalt in einem Übergangsstadium betrachten, aus dem man zurückgekehrt ist.

Frage: Wann weiß man denn, daß der Übergang beendet ist?

Antwort: Wenn ihr noch Wärme im Bereich des Herzens spürt, ist es wirklich nicht ratsam, an den Körper Hand anzulegen, weil in diesem Moment das Bewußtseinsprinzip noch vorhanden ist.

Frage: Woher wissen wir, in welche Richtung sich unser Geist entwickeln soll?

Antwort: Aufgrund unserer Fähigkeit zur Einsicht. Wenn wir in diesem Moment beschließen, unsere Aufmerksamkeit irgendwo hinzulenken, dann werden wir uns darüber bewußt sein, was geschieht. Unsere Aufmerksamkeit ist fixiert. Wenn ich einfach denke: »In welche Richtung soll sich mein Geist entwickeln?«, dann empfinde ich, daß ich es bin, der eine Entscheidung trifft, und daß ich tatsächlich dem gewählten Weg folge.

Anhang

Das Schema der sechs Welten

Die Grundideen in diesem Schema sind unter anderem ausführlich behandelt in *Gedanken ohne den Denker* von Marc Epstein (Fischer) und *Die Insel des Jetzt im Strom der Zeit — Bardo-Erfahrungen im Buddhismus* von Chögyam Trungpa (Fischer). Es ist unmöglich, auf so gedrängtem Raum alles, was in Beziehung zu den Übergangsstadien (Bardos) steht, abzuhandeln.

Lama Karta wollte vor allem einen allgemeinen Wegweiser liefern, mit einigen Betrachtungen, die uns inspirieren könnten. Der Leser wird durch dieses Schema zu weiterem Nachdenken und weitergehenden Recherchen angeregt und kommt vielleicht auch zu dem Schluß, daß es noch viel zu entdecken gibt.

Worin besteht nun die Beziehung zwischen den Bardos und den sechs Welten? Beide Begriffe sind in Wirklichkeit Ausdruck einer spezifischen psychologischen Situation, in der sich jeder befinden kann. Samsara (Der Kreislauf der Existenzen) kann als Straßenkarte des Geistes betrachtet werden, als Muster der Spielchen aller möglichen Lebewesen, die an ihre eigene Geschichte geglaubt haben. Eine Geschichte der Emotionen, wenn man will.

Wie können uns solche Schemata nützen?

Wenn man über diese Situationen meditiert, wird man gewahr, daß Erleuchtung nicht so sehr bedeutet, sich endgültig vom Dasein zu trennen, es heißt vielmehr, sich von allen möglichen neurotischen Tendenzen zu befreien, die auf dem Leben lasten.

Mögen alle guten Wünsche aller Lebewesen in Erfüllung gehen!

Schema der sechs Welten

DIE SECHS WELTEN	GRUNDHALTUNG	GEFÜHL	KONFLIKT-EBENE	BARDO
Götter	Genuß einer angenehmen Situation	Hochmut	Spiritualität	Bardo der Meditation
Eifersüchtige Götter	Neid anderen gegenüber, Kampfbereitschaft	Eifersucht, Unruhe	Konkurrenz	Bardo der Geburt
Menschen	Verlangen aller Art (Intimität, Sexualität …)	Leidenschaft	Verhaftetsein	Bardo des vergänglichen Körpers
Tiere	instinktive Reaktionen	Dumpfheit	Zugänglich-keit	Bardo des Traums
Gierige Geister	Unbefriedigtsein	Habgier, Geiz	Primäre Bedürfnisse	Bardo des Daseins
Höllenwesen	das Gefühl, bedroht und in Gefahr zu sein	Haß	Beziehungen	Bardo des Todes

Die Götter (neurotische Tendenz: Abgehobensein, Hochmut)

1. Eine Verwechslung mit dem westlichen Begriff von »Gott« und »Götter« sollte vermieden werden. In der buddhistischen Terminologie der sechs Welten sind Götter himmlische Wesen, die noch im Samsara leben: Sie weilen in paradiesischer Umgebung und sind davon berauscht. Auch wenn sie lange leben, werden sie in dem Moment, da ihr karmischer Verdienst aufgebraucht ist, unabwendbar in niedereren Existenzformen wiedergeboren.

Es ist hier auch wichtig, zu unterscheiden, was der tibetische Buddhismus »Gottheit« nennt: Diese Benennung gilt für erwachte Wesen, die als Beschützer gesehen werden können oder als symbolische Gegenwart einer vollkommenen Eigenschaft: Chenresi, zum Beispiel, die Gottheit des Mitgefühls; Vajrapani, die Gottheit der Handlungen, die im Zustand des Erwachtseins vollzogen werden, usw.

2. Chögyam Trungpa nennt den neurotischen Aspekt dieser Existenzform (der Götter im Samsara) den »religiösen Wahn«. Epstein beschreibt die Götter als diejenigen, die in einen primären Narzißmus zurückfallen, die zur Mutterbrust streben,

sich im »ozeanischen Gefühl« des Fötus auflösen wollen usw. Diese Form des Berauschtseins wird in der Gestaltpsychologie »Verschmelzung« genannt und stellt einen Zustand des Abgehobenseins dar, in dem die Ich-Grenzen regiert werden. Die vollkommene Ruhe des Geistes beim Meditieren wird oft mit diesem Abgehobensein verwechselt, aus dem man eines Tages unweigerlich erwacht. Zeitweilig verliert man sich in einem spirituellen Materialismus, einer Art Autohypnose, wobei der Meditierende mehr im Mittelpunkt der Kontemplation steht als die Meditation selbst.

Die eifersüchtigen Götter (neurotische Tendenz: Konkurrenzdenken, Eifersucht)

1. Sie werden auch »Halbgötter«, »Asuras« und zuweilen sogar »Titanen« genannt. Ihre Eifersucht bringt sie dazu, sich ständig in Kämpfe zu verwickeln. Wenn auch der Baum der Wünsche in ihrem Reich prächtig gedeiht, so hängen doch seine Früchte sehr hoch, im Reich der Götter!

2. Die Störung, die dieser Existenzstufe ihre Bezeichnung gibt, steht in Beziehung zum Bedürfnis des Ich, sich hervorzutun und, nach Epstein, zur

Schizophrenie. Man ist ständig in Unruhe, hat das Gefühl, getäuscht zu werden, und versucht vor allem, sich zu schützen.

Die Menschen (neurotische Tendenz: Gier, Leidenschaft)

1. Diese Wesen können sich aufgrund ihrer Leidenschaften auf vielfältige Weise täuschen und wegen ihres Selbstmitleids allen Formen der Sklaverei anheimfallen. Sie sind immer auf der Suche nach ihrem Ego und trotzdem am ehesten fähig, die Leere zu begreifen und dadurch das Erwachtsein zu erreichen.

2. Bei dem Syndrom, das sie betrifft, sind alle möglichen Arten des Narzißmus inbegriffen. Das ist die Welt der Affekte in all ihren Formen. Diese Wesen stecken im »Stau der diskursiven Gedanken«. Sie haben die Tendenz, ständig zu vergleichen, aber im Gegensatz zu den Asuras, die immer auf Kampf aus sind, können sie am ehesten Verständnis für andere entwickeln.

Alle niederen Welten haben mit verborgenen Trieben zu tun, während die oberen Welten Neigungen darstellen, die mehr das Ego stützen.

Die Tiere (neurotische Tendenz: Gleichgültigkeit, Beschränktheit, mangelnde Voraussicht)

Das ist die Welt der biologischen Instinkte, das heißt der starren, unbeeinflußbaren Strukturen. Tiere haben keine Wahlfreiheit, sie verhalten sich instinktiv, sie lächeln nicht und sind, was sie sind. Ihre Beschränktheit spielt ihnen Streiche.

Die gierigen Geister (neurotische Tendenz: Sucht)

Unersättlichkeit, orale Triebe und ein starkes Verhaftetsein an die unwiederbringliche Vergangenheit quälen die Bewohner dieser Welt. Sie sind süchtig nach Nahrung, Freundschaft, Reichtum oder Kleidung.

Die Höllenwesen (neurotische Tendenz: Aggression)

Diese Wesen leben in einer Welt der Furcht, der Aggression und der permanenten Paranoia.

Die Bardotexte

Wunschgebet an die Buddhas und an die Bodhisattvas

Der folgende Text ist ein Gebet, das man regelmäßig verrichten kann, auch im Augenblick des eigenen Todes. Bringt gleichzeitig materielle und geistige Opfergaben an die Drei Kostbarkeiten[9] dar. Rezitiert dieses Gebet mit großer Inbrunst und haltet dabei ein Räucherstäbchen in der Hand.

Wenn das Gebet rezitiert wird, während jemand im Sterben liegt, spricht man den Namen der sterbenden Person immer dann aus, wenn man auf die Auslassungspunkte »…« trifft.

Oh, Ihr Buddhas und Bodhisattvas, die Ihr in den zehn Richtungen weilt, erfüllt mit Barmherzigkeit, erfüllt mit Vorauswissen, erfüllt mit göttlicher Vision, erfüllt mit Liebe, Ihr, die Ihr die Zuflucht aller Lebewesen seid, erscheint aus Barmherzigkeit vor mir. Geruht, diese materiellen und geistigen Opfergaben anzunehmen.

Oh, Ihr Barmherzigen, … verläßt diese Welt, um das jenseitige Ufer zu erreichen. Er/sie geht auf die große Reise und stirbt, ohne Freunde, in großem Elend, ohne Zuflucht, Schutz und Verbündete. Das Licht dieser Welt ist ihm untergegangen, er geht in eine andere Welt, in schwärzeste Finsternis, er fällt in einen tiefen Abgrund, er betritt einen dichten Dschungel, er wird von karmischen Mächten verfolgt, er wandelt in Ödnis, er wird vom großen Ozean weggetragen, er wird vom Wind des Karmas vorangetrieben, er geht dorthin, wo es nichts Festes gibt. Er ist in den großen Kampf gestürzt, er wird vom großen Dämon gepackt, er erschaudert vor den Boten des Todesgottes. Ein Leben verlassend, bewegt er sich ohnmächtig auf ein anderes zu. Es ist die Zeit gekommen, wo er allein und ohne Freunde gehen muß.

Oh, Ihr Barmherzigen, seid eine Zuflucht für …, der ohne Zuflucht ist, seid seine Beschützer, seid seine Begleiter, seid sein Schutz in der großen Dunkelheit des Bardo. Wendet den Sturmwind des Karmas von ihm ab und gebt ihm Zuflucht vor dem großen Schauder und Schrecken des Todesgottes. Errettet ihn aus dem langen engen Durchgangsweg des Bardo.

Oh, Ihr Barmherzigen! Gedenkt seiner mit Barmherzigkeit, seid seine Rettung, laßt ihn nicht in die unteren Reiche stürzen. Vergeßt nicht Eure alten Gelöbnisse, laßt die Kraft Eurer Barmherzigkeit jetzt gegenwärtig sein. Buddhas und Bodhisattvas, möge die wirkende Kraft Eurer Barmherzigkeit nicht schwach gegen … sein, nehmt ihn in Gnade auf, laßt ihn nicht unter die Macht seines bösen Karma fallen. Mögen die Drei Kostbarkeiten ihn vor dem Elend des Bardo beschützen.

Wiederholt dieses Gebet dreimal, zusammen mit allen anwesenden Personen, und sprecht es mit Zuversicht und tiefer Inbrunst. Rezitiert dann die Wunschgebete »Gebet um Errettung aus dem engen Durchgangsweg des Bardo« und »Das Gebet, das vor Furcht im Bardo schützt«.

Möge diese »Bitte um Beistand der Buddhas und Bodhisattvas« in Kraft bleiben bis zum Erlöschen von Samsara. SAMAYA

Verfaßt von Pema Djung-ne, dem Khenpo von Orgyen. Tsogyal hat den Text gelernt, ihn abgeschrieben und wie einen Schatz versteckt. Später hat ihn Karma Lingpa im Gampopel-Gebirge entdeckt.

Die wichtigsten Verse der sechs Bardos

Ach! Jetzt ist der Bardo der Geburt Wirklichkeit für mich geworden.

Ich gebe Müßiggang und Faulheit auf; in diesem Leben ist dafür keine Zeit.

Ich folge von nun an dem Pfad des Hörens ohne Zerstreuung, des gesammelten Nachdenkens und der Meditation.

Alle Erscheinungen manifestieren sich in der Form des dreifachen Körpers.

Jetzt, wo ich einen menschlichen Körper erhalten habe, ist für Zerstreuung keine Zeit mehr.

Ach! Jetzt ist der Bardo des Traumes Wirklichkeit für mich geworden.

Ich gebe die Geistesverdunkelung auf, die mich in einem leichenhaften, unbeseelten Schlaf gefangenhält.

Und ich wähle den Pfad der Achtsamkeit ohne Zerstreuung.

Indem ich die wahre Natur des Traumes erkenne, verwandeln sich die Illusionen in Klares Licht.

Auf daß ich nicht wie ein Tier in Trägheit verharre, sondern durch geistige Übung Schlafen und Wachen als eines erkenne.

Ach! Jetzt ist der Bardo der Meditation Wirklichkeit für mich geworden.

Ich gebe die tausendfachen Ablenkungen und Trugbilder auf.

Verharrend im Zustand der Sammlung, irre ich nicht ab, noch halte ich fest.

Daß ich Stabilität in beiden Stufen, der Vorstellung und der vollkommenen Versenkung, erreiche.

Dem Handeln entrückt in der meditativen Versenkung,

verfalle ich nicht mehr Trugbildern der irreführenden Leidenschaften.

Ach! Jetzt ist der Bardo des Todes für mich Wirklichkeit geworden.

Ich gebe alles Festhalten und Anhaften auf.

Ich verharre unerschütterlich in der lichten Klarheit der Lehren.

Ich projiziere das gestaltlose Bewußtsein in die Sphäre des Raumes.

Befreit von diesem Körper, der aus Fleisch und Blut besteht,

Erkenne ich ihn als vergängliches Trugbild.

Ach! Jetzt ist der Bardo der Höchsten Wirklichkeit für mich Wirklichkeit geworden.

Ich lasse ab von Furcht und Haß.

Ich erkenne alles, was erscheint, als meine eigenen Gedankenformen.

Ich weiß, daß dies alles Schemen des Bardo sind.

Jetzt, da ich am Wendepunkt bin, fürchte ich nicht die friedlichen und zornigen Götterbilder, die meine eigenen Gedankenformen sind.

Ach! Jetzt ist der Bardo des Werdens für mich Wirklichkeit geworden.

Ich sammle meinen Geist in einem zielgerichteten Bestreben.

Ich bemühe mich, gute Taten zu vollbringen.

Ich werde die Schoßespforte schließen. Daß ich mich davon abkehre, soll mir in Erinnerung bleiben.

Bleibt standhaft, wankt nicht, jetzt ist der Moment gekommen, in dem Einsicht und reine Liebe erlangt werden kann.

Laßt Eifersucht, meditiert über den Lama als Einheit.

Ihr, die ihr den Tod nicht erfaßt, denkt an die unnützen Geschäfte dieses Lebens.

Welch eine Verfehlung, aus diesem Leben mit leeren Händen zurückzukehren!

Wissen, was das wahre Bedürfnis ist, dazu dient der edle Dharma.

Warum sollte ich mich nicht jetzt noch dem edlen Dharma widmen?

So sprachen die großen Vollendeten:

»Wenn du die Lehren des Lama nicht in deinem Geist bewahrst, begehst du dann nicht Mißbrauch an dir selbst?«

Gebet um Errettung aus dem engen Durchgangsweg des Bardo

Versammlung der Lamas, Yidams, Dakinis, Euch huldige ich, um Eurer Liebe willen, führt mich auf meinem Pfad.

Jetzt, da ich unter dem Einfluß der Verwirrung im Samsara wandere, Ihr Kugyüpa-Lamas, seid meine Führer; Versammlung der Dakinis, erhabene Mütter, geleitet mich auf dem Pfad des gesammelten Zuhörens, des Nachdenkens und der Meditation.

Errettet mich aus dem engen Durchgangsweg des schreckensvollen Bardo, geleitet mich zum Zustand der vollkommenen Buddhaschaft.

Jetzt, da ich unter dem Einfluß großen Nichtwissens im Samsara umherirre, Vairocana, Siegreicher, führe mich auf meinem Pfad; Mutter Tcho Ying

Tchouk Ma, geleite mich den hellen Lichtpfad entlang, der die klare Weisheit des Dharmadhatu ist.

Errettet mich aus dem engen Durchgangsweg des schreckensvollen Bardo, geleitet mich zum Zustand der vollkommenen Buddhaschaft.

Jetzt, da ich unter dem Einfluß heftigen Zorns im Samsara umherirre, Siegreicher Dorje Sempa, führe mich auf meinem Pfad; Mutter Sangye Tchenme, geleite mich auf den Pfad der spiegelgleichen Weisheit.

Errettet mich aus dem engen Durchgangsweg des schreckensvollen Bardo, geleitet mich zum Zustand der vollkommenen Buddhaschaft.

Jetzt, da ich unter dem Einfluß großen Stolzes im Samsara umherirre, Siegreicher Ratnasambhava, führe mich auf meinem Weg; Mutter Mamaki, geleite mich den Lichtpfad der Weisheit der Wesensgleichheit entlang.

Errettet mich aus dem engen Durchgangsweg des schreckensvollen Bardo, geleitet mich zum Zustand der vollkommenen Buddhaschaft.

Jetzt, da ich unter dem Einfluß wilden Verlangens im Samsara umherirre, Amithaba, führe mich auf meinem Weg; Mutter Pandavarasini, geleite mich den Lichtpfad unterscheidender Weisheit entlang.

Errettet mich aus dem engen Durchgangsweg des schreckensvollen Bardo, geleitet mich zum Zustand der vollkommenen Buddhaschaft.

Jetzt, da ich unter dem Einfluß großer Eifersucht im Samsara umherirre, Amogasiddhi, führe mich auf meinem Weg; Mutter Samaya Tara, geleite mich den Lichtpfad alleswirkender Weisheit entlang.

Errettet mich aus dem engen Durchgangsweg des schreckensvollen Bardo, geleitet mich zum Zustand der vollkommenen Buddhaschaft.

Jetzt, da ich unter dem Einfluß starker Neigungen im Samsara umherirre, weise Dakas, führt mich auf meinem Weg; Versammlung der Dakinis, geleitet mich den Lichtpfad der gleichzeitigen Weisheit entlang.

Errettet mich aus dem engen Durchgangsweg des schreckensvollen Bardo, geleitet mich zum Zustand der vollkommenen Buddhaschaft.

Jetzt, da ich unter dem Einfluß großer Täuschung im Samsara umherirre, friedliche und zornige Siegreiche, führt mich auf meinem Weg; Dakinis, Himmelsherrscherinnen, geleitet mich den Lichtpfad der Befreiung von aller Angst entlang.

Errettet mich aus dem engen Durchgangsweg des schreckensvollen Bardo, geleitet mich zum Zustand der vollkommenen Buddhaschaft.

Oh! Möge das Element des Raumes nicht als Feind gegen mich aufstehen, möge ich das Reich des blauen Buddha sehen.

Möge das wässrige Element nicht als Feind gegen mich aufstehen, möge ich das Reich des weißen Buddha sehen.

Möge das erdige Element nicht als Feind gegen mich aufstehen, möge ich das Reich des gelben Buddha sehen.

Möge das feurige Element nicht als Feind gegen mich aufstehen, möge ich das Reich des roten Buddha sehen.

Möge das luftige Element nicht als Feind gegen mich aufstehen, möge ich das Reich des grünen Buddha sehen.

Möge der Regenbogen der Elemente nicht als Feind gegen mich aufstehen, möge ich das Reich aller Buddhas sehen.

Mögen sich die Töne, die Lichter und die Strahlungen nicht als Feinde gegen mich erheben.

Möge ich die unendlichen Reiche der friedlichen und zornigen Gottheiten sehen.

Möge ich alle Töne als meinen eigenen Ton

erkennen, alle Lichter als mein eigenes Licht, alle Strahlungen als meine eigene Strahlung.

Möge ich den Bardo als meine eigene Erscheinung erkennen und wahrhaftig in das Reich der Drei Körper übergehen.

Dieses Gebet um Errettung aus dem engen Durchgangsweg des Bardo wurde vom Khenpo von Orgyen, Pema Djung-ne, geschrieben; möge seine Kraft bewahrt bleiben bis zum Erlöschen des Samsara.

Das Gebet, das vor Furcht im Bardo schützt

Jetzt, da sich die Kraft meines Lebens erschöpft und ich diese Welt verlasse, irre ich ohne Begleitung ganz allein im Bardo umher! Ihr friedlichen und zornigen Siegreichen, mögt Ihr die Kraft Eurer Barmherzigkeit üben und das Dunkel der Unwissenheit auflösen. Wenn ich so wandere, getrennt von geliebten Freunden, erheben sich vor mir die leeren Erscheinungen, die meine eigenen Gedankenformen sind. Mögen die Buddhas die Kraft ihrer Barmherzigkeit üben, auf daß nicht die Furcht vor dem schreckensvollen Bardo herrsche. Wenn die fünf Lichter der strahlenden Weisheit aufgehen, möge ich sie als meine eigenen Gesichte erkennen, ohne

Furcht und Schrecken. Wenn die friedlichen und zornigen Gottheiten Gestalt annehmen, möge ich sie erkennen, in der Gewißheit der Furchtlosigkeit. Ich bin dem Karma unterworfen und erfahre so das Leiden. Mögen die friedlichen und zornigen Siegreichen dieses Leiden lindern. Wenn der Klang der Dharmata wie tausend Donner widerhallt, möge er in die Klänge des Dharma Mahayana verwandelt werden. Wenn ich schutzlos vom Karma getrieben werde, friedliche und zornige Siegreiche, seid eine Zuflucht für mich und alle Lebewesen. Wenn ich meinen starken Neigungen im Leiden des Karmas unterliege, möge mir das Samadhi des Klaren Lichts und der Glückseligkeit dämmern.

Wenn ich im Moment der Wiedergeburt den Verführungen des Bardo des Werdens ausgesetzt bin, möge ich nicht durch betrügerische Zeichen in die Irre geführt werden. Wenn ich durch die Kraft des Geistes dorthin komme, wohin die Gedanken gehen, mögen mir nicht die trügerischen Schrecken eines bösen Karma erscheinen. Wenn das Brüllen der wilden Tiere ertönt, möge es in den Klang der sechs Silben verwandelt werden. Wenn ich durch Schnee, Regen, Wind und Dunkelheit gejagt werde, möge ich mit dem göttlichen Auge heller Weisheit sehen.

Mögen alle Wesen des Bardo, die gleiche Erfahrungen erreicht haben, frei von Eifersucht, auf höheren Stufen geboren werden. Wenn extreme Leidenschaften Hunger und Durst bedingen, möge ich nicht die Qualen von Hunger und Durst, Hitze und Kälte erleiden. Wenn mir meine zukünftigen Eltern in Vereinigung erscheinen, möge ich die friedlichen und zornigen Buddhas sehen.

Wenn ich die Kraft erreiche, meinen Geburtsort zum Wohl der anderen selbst zu bestimmen, möge ich mit einem vollkommenen Körper ausgestattet sein, geschmückt mit gewissen Zeichen. Wenn ich diesen vollkommenen Körper erhalten habe, möge ich schnell von allem befreit sein, was ich sehe und höre. Möge ich nicht von meinem bösen Karma getrieben werden, sondern die Verdienste, die ich schon erworben habe, mehren. Möge ich an dem Ort, wo ich geboren werde, den Yidam jener Existenz treffen. Möge ich, sobald ich geboren bin und gehen und sprechen kann, die Fähigkeit haben, die Erinnerung an meine früheren Leben zu bewahren. Möge ich mir die verschiedenen Qualitäten, die kleinen, mittleren und großen, allein durch Hören und Betrachten aneignen. An welchem Ort ich auch geboren werde, möge es ein Ort von günstiger Verheißung sein, wo alle Wesen das Glück kennen.

Oh, Ihr friedlichen und zornigen Siegreichen,

mögen wir, ich und die anderen, Euch im Eben-
bild Eurer Körper, Eurer Gefolgschaft, Eurer langen Lebensdauer, Eurer lauteren Reiche und erha-
benen Zeichen gleich werden.

Durch Samantabhadra, durch die Friedlichen und
Zornigen, durch die unendliche Barmherzigkeit,
durch die Kraft der Wahrheit der vollkommen reinen Dharmata, durch die Segenskraft der vollkommenen Hingabe des Yogi möge dieses Gebet erfüllt
werden.

*Möge dieses Gebet, das vor der Furcht im Bardo
schützt, seine anfängliche Kraft bis zum Erlöschen des
Samsara bewahren.*

Jeder ist autorisiert, diesen Text zu rezitieren. Für
eine normale Meditation kann der Text entsprechend verändert werden, zum Beispiel:»In dem
Augenblick, wo ich sterben werde ...«
Diese Gebete und Rituale erfordern natürlich
Erläuterungen. Sie werden auf Seminaren in buddhistischen Zentren gegeben.

Einige Ratschläge
zur Sterbebegleitung

1. Ob man Buddhist ist oder nicht, dem Tod kann man nicht entkommen. Es ist wichtig, das zu verstehen und dann zu akzeptieren.

2. Als Buddhist betrachtet man alle Übergangsstadien (und das Leben ist eines davon, neben dem Stadium des Traums, des Todes, des nächsten Lebens usw.) als gleichermaßen gute Gelegenheiten, sich zu vervollkommnen: Die Ausübung der täglichen Praxis wirkt in der Nacht fort. Die Praxis, die man während des Traums entwickelt, kann während des Sterbeprozesses hilfreich sein, was wiederum den Ablauf des Bardo des Todes beeinflußt ...
Man entfaltet sich so unablässig.

3. Ob ihr leidet oder nicht, ob ihr Probleme habt oder nicht, hängt zum großen Teil von den Gedankengängen ab, denen ihr folgt. Wenn ihr euch be-

wußt seid, daß der Tod ein integraler Bestandteil des ununterbrochenen Existenzstroms ist, kann man diese Trennung leichter akzeptieren.

4. Warum macht sich ein Buddhist mit der Idee der Vergänglichkeit vertraut? Um das Leiden zu erkennen, wenn es in Erscheinung tritt. Wer nicht begreift, daß Leiden, Beschwernisse oder der Tod eintreten können, wird fassungslos sein, wenn er davon heimgesucht wird. Die tibetischen Flüchtlinge oder Menschen, die zum Beispiel einen Krieg durchgemacht haben, werden nicht so leicht aus der Fassung gebracht werden. Sie haben die Kraft entwickelt, schwere Situationen zu ertragen, und sind gerüstet, sich ihnen zu stellen.

5. Wenn der Tod naht, sollte man den Sterbenden nicht allein lassen. Die Einsamkeit ist in diesen Momenten sehr schwer zu ertragen. Am besten bittet man die Familie und Freunde, ihm beizustehen.

6. Man kann dem Sterbenden die Hand geben und leise zu ihm sprechen: »Du wirst jetzt sterben. Jeder stirbt eines Tages. Versuch es hinzunehmen …« Man vermeide es, von Themen zu sprechen, die den Sterbenden aufregen könnten. Die Worte sollten beruhigend sein: »Wir werden uns um alles kümmern.«

Sprecht in diesem Sinn vom Haus, den Kindern und anderen Themen. Achtet darauf, daß der Sterbende ruhigen Herzens hinübergehen kann.

7. Wir müssen achtgeben, daß der Sterbende keinen Grund hat, negative Reaktionen zu entwickeln. Fotos, Personen oder Geschichten, die ihn beunruhigen könnten, sollten also vermieden werden. Achtet darauf, keine Gefühle der Gier, des Hasses, des Stolzes und der Eifersucht wie überhaupt jegliches Verlangen beim Sterbenden hervorzurufen, um seine Seelenruhe nicht zu stören.

8. Nach dem Tod kann man das tun, was in den verschiedenen religiösen Traditionen geraten wird: Im Christentum und den östlichen Religionen findet man Empfehlungen zu diesem Thema.

9. Der Sterbende selbst täte gut daran, sich auf die Meditationsübung zu konzentrieren, die er am besten kennt, am häufigsten geübt hat und die ihm am meisten zusagt. Ein Buddhist kann in diesem Moment Liebe und Barmherzigkeit aufsteigen lassen und die Übung der Entwicklung des Geistes praktizieren.[10] Das alles wird sicherlich helfen, die Schwierigkeiten dieses sehr leidvollen Durchgangswegs weniger stark zu empfinden.

10. In bedeutenden Lebensmomenten ruft man gewöhnlich den spirituellen Lehrer, den Lama, damit er Gebete spricht. Auch wenn man dazu nicht verpflichtet ist, ist es nützlich, die Riten des Buddhismus, die sich auf diese Zeiten beziehen, zu kennen. Wenn Buddhisten sterben, gibt es eine Vielzahl von möglichen rituellen Handlungen.

11. Was auch geschieht, maßgeblich ist der Wunsch zu helfen. Wenn jemand gestorben ist, kann man zum Beispiel Kerzen oder Räucherstäbchen entzünden. Diese Handlung ist vor allem angebracht, wenn man mit der verstorbenen Person besonders verbunden war. Man vermeide es zu weinen, zu schreien, zu wehklagen oder die Traurigkeit in anderer Weise zum Ausdruck zu bringen. An und für sich sind das verständliche Reaktionen, aber sie sind in diesem Moment nicht hilfreich.

12. Für gewöhnlich werden während neunundvierzig Tagen spezielle Rituale abgehalten, ob nun alle sieben Tage siebenmal oder am neunundvierzigsten Tag nach dem Tod. Warum? Weil jeder Abschnitt von sieben Tagen als wichtiger Zyklus auf dieser Reise nach dem Tod angesehen wird, auf welcher man von einer Verwandlungsstufe in die andere übergeht.

13. Es gibt auch nützliche praktische Ratschläge, beispielweise, was die Waschung und Einkleidung des Toten angeht. Es ist gut, für den Körper zu sorgen. Es wird jedoch empfohlen, den Leichnam nicht unbedingt zu bekleiden, sondern ihn lieber mit einem leichten Tuch zu bedecken und vor allem den Körper nach dem Tod einige Stunden ruhen zu lassen, bevor man ihn anrührt. Wenn ihr ihn danach berührt oder Handhabungen vornehmt, faßt ihn nicht am unteren Teil des Leibes (bei den Beinen zum Beispiel) an, sondern am Rumpf.

14. Sehr wichtig ist es auch zu wissen, daß das, was man im Westen den »klinischen Tod« nennt, für einen Buddhisten noch nicht das Ende des Lebens bedeutet: Das Leben existiert auf vielen verschiedenen Ebenen, angefangen von primären Funktionen bis hin zu den feinstofflichsten Bewußtseinsformen. Sterben bedeutet, daß sich die primären Aspekte (die mit den Sinnesfunktionen verbunden sind) auflösen; aber das, was aus der Vergangenheit über die Gegenwart in das zukünftige Leben geht, das feinstoffliche Bewußtseinsprinzip, ist noch für eine bestimmte Zeit nach dem klinischen Tod im Körper anwesend.

Diejenigen, die durch Meditation eine Meisterung des Geistes erreicht haben, können einige Tage lang in Meditationshaltung sitzen bleiben, ohne daß der Glanz der Haut oder die Wärme in der Herzregion schwindet. Erst wenn sich sehr deutliche Zeichen manifestieren, kann man sicher sein, daß das Bewußtseinsprinzip den Körper verlassen hat.

15. Manche fragen, ob man mit einem Verstorbenen in Kontakt treten kann. Auch hier hängt wieder alles von den Motiven ab, die diesem Wunsch zugrunde liegen. Manchmal setzen die Menschen alles daran, einen Kontakt mit den Toten herzustellen, aber sie kommen nicht auf die Idee, von Herzen kommende Beziehungen zu denen zu pflegen, die sie im täglichen Leben um sich haben! Schlimmer noch, die Ratschläge von Leuten, die sich mit solchen Dingen befassen, laufen oft auf einen Bruch mit den Freunden und Verwandten hinaus. Man fragt sich, aus welchen Gründen sie sich unbedingt auf die Suche nach denen machen wollen, die nicht mehr sind.

Anmerkungen

1. Dharma:
   - die Lehren des Buddha
   - allgemein für Religion gebraucht.

2. Erde, Wasser, Feuer, Luft, Raum: Diese Grundelemente sind im Körper in Form von fester und
flüssiger Materie, von Wärme, Atmung und Zwi-
schenraum im Körperinneren und zwischen den
Organen vorhanden. Sie werden auch auf der Ebene des Geistes unterschieden: Die Grundlage, auf
der alles entsteht (Erde), die Kontinuität unseres
Bewußtseins (Wasser), die Klarheit des Geistes
(Feuer), das nicht eingeschränkte Wesen (Luft) und
die Leere der Gedanken (Raum) sind Qualitäten
des Geistes, die mit den fünf Elementen verbunden
sind.

3. Diese drei Körper sind in Wirklichkeit die
Erscheinungsweisen eines Buddha und stellen in

diesem Sinn eine Beschreibung des Zustands des völligen Erwachtseins dar. Dharmakaya existiert außerhalb jeder Gestalt oder Beschreibung und entspricht der Leere. Sambhogakaya ist ein Körper, der aus großer Glückseligkeit heraus wirkt, während Nirmanakaya in sichtbarer Form handelt.

4. Die Kennzeichen des kostbaren menschlichen Körpers:
- nicht in die widrigen Umstände der Welten der Hölle, der gierigen Geister, der Tiere, der Götter des langen Lebens usw. hineingeboren sein
- Verhältnisse nutzen können, wie etwa in einer Epoche geboren werden, in der der Buddhismus noch eine lebendige Tradition ist.

Kurz gesagt, über die acht Freiheiten und die zehn Bedingungen verfügen, die es erlauben, einen spirituellen Weg zu gehen.

5. Man muß zwei Extreme vermeiden:
- die Idee der Unvergänglichkeit: den extremen Glauben an eine feste Form der Realität
- den Nihilismus: den extremen Glauben an die absolute Nicht-Existenz der Realität.

»Wer glaubt, daß die Dinge existieren, ist dumm. Wer glaubt, daß sie nicht existieren, ist noch dümmer.« (Nagarjuna)

6. Es gibt viele unterschiedliche Methoden der Meditation: schweigende Meditationen; Meditationen, die mit dem Rezitieren von Texten oder mit Bewegungen und Musik verbunden werden; geführte und nicht geführte Meditationen. Bei Meditationen, in denen man sich auf eine Visualisation konzentriert, unterscheidet man zwei Phasen: die Phase der Entwicklung einer Vorstellung und die Phase der vollkommenen meditativen Versenkung. In der ersten Phase wird das Meditationsobjekt geistig aufgebaut, entwickelt und visualisiert. In der zweiten verwandelt sich alles in Licht, und man ruht meditierend in der Erfahrung des Zustands, zu dem die Meditation führt.

7. Diese Lichtpunkte sind Kristallisationen bestimmter Kräfte des Körpers, in diesem Fall der männlichen und der weiblichen Energie.

8. Über die Frage, wie man weiß, wer oder was von einem Leben zum anderen geht, gibt es in der buddhistischen Philosophie eine schon lange andauernde Kontroverse. In den Quellen wird der Akzent mehr oder weniger stark auf die »Leere« des Geistes, auf den Aspekt der »Energie« oder auf die »karmischen Prädispositionen« gelegt. Zur Lektüre empfohlen: die Texte von Nagarjuna und Asanga.

9. Gemeint sind die drei wesentlichen Bestandteile des Buddhismus: Buddha, Dharma, Sangha (die buddhistische Gemeinde).

10. Das ist eine geistige Übung, die darin besteht, daß man jede Situation, die sich im Laufe des Lebens ergibt, als Mittel nutzt. Kummer, Leiden und Prüfungen, in welcher Form auch immer, werden als Möglichkeit gesehen, die fundamentale Bereitschaft zur Hingabe – die hauptsächlich darin besteht, zuerst anderen helfen zu wollen – immer wieder zu erneuern.

Das geschieht so: Man spricht den Wunsch aus, daß sich in den Schwierigkeiten, die man erlebt, alles Leid aller Lebewesen in einem selbst verdichten möge, daß alle wirklich von ihrem Leiden erlöst werden mögen, dadurch, daß man ihr Leiden auf sich nimmt. Durch diese kraftvolle Meditation kultiviert man nicht irgendein finsteres Gefühl des Opfers, von welcher Art auch immer, sondern bewirkt, wenn man sie voller Sammlung und regelmäßig ausübt, das Wachsen eines unerschütterlichen Altruismus und eine Neigung, den anderen unablässig dienen zu wollen.

Wenn man glücklich ist, kann man nach derselben Methode dieses Glück ebenso mit den anderen teilen.

Einmal im Jahr, am letzten Wochenende im Juni, werden im buddhistischen Zentrum Yeunten Ling von Lamas geleitete Rituale zum Gedenken an verstorbene Verwandte und Freunde abgehalten. Telefon: (++3285/21 48 20)

Eine klassische spirituelle Reise
zum wahren Zen

Ray Brooks

Ich ging den Weg
der Zen-Flöte

Eine spirituelle und künstlerische Autobiografie
272 Seiten, gebunden/Schutzumschlag
ISBN 3-7787-7160-4

Ray Brooks, ein erfolgreicher Londoner
Geschäftsmann, gibt sein bisheriges Leben
auf, um innere Erfüllung zu finden. In Tokio
begegnet er einem Meister der Shakuhachi, der
Zen-Flöte, deren Spiel in Japan seit Jahrhunder-
ten als Weg zu künstlerischer und spiritueller
Vollkommenheit gilt. Brooks widmet sein Leben
der Ausbildung auf diesem Instrument. Er
studiert und meditiert bei berühmten Musikern,
die gleichzeitig Zen-Meister sind.
Sein lebendiger Bericht macht deutlich, daß
auf diesem klassischen Zen-Weg die Entwicklung der Musikalität und des Bewußtseins
miteinander verwoben sind, bis schließlich die
Vollkommenheit in beidem erreicht ist.

Indem ich an Rays Suche teilhaben durfte,
wurde mein eigenes Leben innerlich reicher:
Sein Buch wird viele Menschen auf dem Weg
der Musik und des Zen inspirieren.
Dan Millman

Mit Zen und Mystik
auf dem Weg nach innen

Wolfgang Kopp

Befreit Euch von allem

Ein radikaler Wegführer im Geiste des Zen
und der christlichen Mystik
216 Seiten, gebunden/Schutzumschlag
ISBN 3-7787-7063-2

Ein großer spiritueller Lehrer unserer Zeit
zeigt uns in diesem außergewöhnlichen Buch
einen konsequenten, aber sicheren Weg zur
Selbstfindung. Er möchte helfen, die innere
Quelle zu finden; es ist sein Anliegen,
den Wahrheitssuchenden zu jenem außergewöhnlichen Schauungserlebnis hinzuführen,
wo Buchwissen durch Erfahrung, Gelehrsamkeit
durch die Weisheit des Herzens und der Glaube
an einen nur gedachten Gott durch die Erleuchtung des eigenen Geistes ersetzt wird.
Aus der Fülle seiner Erfahrungen als
praktizierender Meditationsmeister schöpfend,
versteht es der Autor in einzigartiger Weise,
den Leser in die tiefe Wahrheit des Zen und
der christlichen Mystik einzuführen.

Der Geist ist von strahlender Klarheit erfüllt.
Darum werft die Dunkelheit eurer alten
Begriffe fort. »Befreit euch von allem.«
Huang-po